智慧高速公路建设理论与实践发展研究论丛

智慧高速公路
指挥调度系统建设与运营

张　健　赵佳军　季锦章　冉　斌　编著

内 容 提 要

本书系统地介绍了指挥调度平台的基本概念、基本技术和主要组成。全书分为上下两篇：上篇为基础理论篇共8章，包括指挥调度平台概述、业务需求与设计架构、监控调度系统、信息综合展示系统、决策支持系统、交通事件管理系统、气象服务系统、情报板发布与控制系统等；下篇为应用篇共2章，以江苏省联网与路公司指挥调度平台为实例，介绍了现有的指挥调度业务、系统以及指挥调度平台。

本书可供高速公路信息化建设管理人员使用，同时可供从事高速公路指挥调度科研、软件系统开发等工作的技术人员参考。

图书在版编目(CIP)数据

智慧高速公路指挥调度系统建设与运营 / 张健等编著. — 北京 ：人民交通出版社股份有限公司，2017. 1

ISBN 978-7-114-12542-3

Ⅰ. ①高… Ⅱ. ①张… Ⅲ. ①高速公路－调度自动化系统 Ⅳ. ①U412. 36

中国版本图书馆 CIP 数据核字(2015)第 243173 号

智慧高速公路建设理论与实践发展研究论丛

书　　名：**智慧高速公路指挥调度系统建设与运营**
著 作 者：张　健　赵佳军　季锦章　冉　斌
责任编辑：郭红蕊　朱明周
出版发行：人民交通出版社股份有限公司
地　　址：(100011)北京市朝阳区安定门外外馆斜街 3 号
网　　址：http：//www. ccpress. com. cn
销售电话：(010)59757973
总 经 销：人民交通出版社股份有限公司发行部
经　　销：各地新华书店
印　　刷：北京盛通印刷股份有限公司
开　　本：880 × 1230　1/16
印　　张：7. 5
字　　数：212 千
版　　次：2017 年 1 月　第 1 版
印　　次：2017 年 1 月　第 1 次印刷
书　　号：ISBN 978-7-114-12542-3
定　　价：75. 00 元
（有印刷、装订质量问题的图书由本公司负责调换）

参　编　单　位

东南大学
江苏交通控股有限公司
江苏高速公路联网营运管理有限公司
江苏宁沪高速公路股份有限公司
江苏扬子大桥股份有限公司
江苏广靖锡澄高速公路有限责任公司

化平台营运管理的各种问题，从而实现高速公路运行管理的跨越式发展。这与交通运输部部长杨传堂在全国交通运输工作会上提出的加快推进“四个交通”发展不谋而合。“综合交通是核心，智慧交通是关键，绿色交通是引领，平安交通是基础”。本套论丛对智慧高速公路建设发展的探求，正是“智慧交通”在高速公路领域的实例化体现，是对其深刻学习领悟后的创造性应用成果。

江苏省智慧高速的发展，从高速公路全路网信息化顶层设计、系统架构、数据采集平台、数据中心、指挥调度平台、公众服务平台、决策支持系统、运行维护系统、相关配套工程等多个方面进行了设计与实施建设。《智慧高速公路建设理论与实践发展研究论丛》在对国内外交通信息化智能化建设经验进行充分研究的基础上，结合江苏省高速公路信息化智能化的工程实践经验，分别从高速公路信息化总体工程、数据采集平台、数据中心、公众服务平台、指挥调度平台、运行维护平台等进行了系统分析与深入思考，并从理论分析与工程实践相结合的角度对高速公路信息化系统设计、实施等方面进行全面介绍。丛书提出了高速公路信息化建设的顶层设计思路与总体框架内容，系统阐述了数据中心在高速公路信息化建设过程中的重要位置，详细地介绍了高速公路信息采集技术、数据中心、指挥调度系统、公众服务系统、运行维护系统的功能与用途。丛书通过对江苏智慧高速公路这一交通运输部科技示范工程创新成果的凝练以及对信息化智能化建设成果的总结，为全国高速公路信息化智能化建设的推进提供了借鉴与参考。

现代科学技术发展日新月异，新技术应用与交通科技创新相辅相成、相得益彰。智慧高速公路的建设，将进一步丰富智慧交通的发展内涵，打造便捷、高效、绿色、安全的出行环境，推动现代交通运输体系服务水平提升，从而为我国社会主义现代化建设提供有力保障。

中国智能交通协会理事长

吴忠泽

前言

PREFACE

《智慧高速公路指挥调度系统建设与运营》是《智慧高速公路建设理论与实践发展研究论丛》系列丛书中的一册。本册对高速公路的指挥调度平台进行了定义，介绍了指挥调度平台的业务需求和设计架构，描述了高速公路指挥平台各个相关系统的业务流程、功能等内容。在此基础上，以江苏省高速公路现有指挥调度业务和系统为切入，介绍了江苏省高速公路联网营运管理中心与各联网成员单位指挥调度平台的相关内容。

本册面向智慧高速公路管理者、设计者、建设者以及研究者，总体性阐述智慧高速公路指挥调度系统定义、业务需求与设计架构、各组成系统实际案例。

本册内容有利于智慧高速公路管理者、设计者了解智慧高速公路指挥调度系统的功能及组成，为建设实施者提供了开展建设的经验，同时为从事智能交通系统的研究人员提供了理论与实践基础。

编　者

2016 年 11 月

导读

INTRODUCTION

《智慧高速公路建设理论与实践发展研究论丛》系列丛书以高速公路营运管理和公众服务的现代化、信息化和智能化为理论导向，立足江苏省智慧高速公路建设实践，旨在为高速公路营运管理者提供理论和经验借鉴，为智能交通系统理论的研究和实践奠定基础。本丛书共六册，包含《智慧高速公路理论与实践总论》、《智慧高速公路信息采集技术与应用》、《智慧高速公路数据中心建设与运营》、《智慧高速公路指挥调度系统建设与运营》、《智慧高速公路公众服务平台建设与运营》、《智慧高速公路运行维护管理系统建设》，详细阐述了智慧高速公路总体设计原理与建设实践、各重要子平台系统的理论和实践。

《智慧高速公路理论与实践总论》统领本套丛书，率先界定了智慧高速公路的内涵，阐述了智慧高速公路的发展历程，分析了智慧高速公路的服务对象及其需求，明确了智慧高速公路的功能与技术需求。在此基础上，结合江苏省智慧高速建设实践经验，提出了高速公路运营与服务智能化平台的总体架构、系统功能以及技术要求，并概括性介绍了相关建设实施方法。

《智慧高速公路信息采集技术与应用》分上下篇，分别为信息采集理论篇和信息采集实践篇。理论篇包括交通信息的采集对象和交通信息自动化采集方法两部分内容，并对各种采集技术进行了对比分析；实践篇以江苏省高速公路信息化平台信息采集系统为例，从需求分析、系统设计和系统布设原则及方案三个方面进行了全面的阐述，以期为其他省市智慧高速公路信息采集系统的建设提供参考与借鉴。

《智慧高速公路数据中心建设与运营》分上下篇，分别为数据中心理论篇和数据中心实践篇。理论篇包括数据中心的发展历程、经典架构、数据存储、数据挖掘、安全与节能、机房建设等内容；实践篇以我国第一个省级智慧高速公路示范区为例，系统介绍了江苏省高速公路数据中心的建设实践，以期为其他省市智慧高速公路数据中心建设提供参考与借鉴。

《智慧高速公路指挥调度系统建设与运营》分上下篇，分别为指挥调度理论篇和指挥调度实践篇。理论篇对指挥调度平台进行了概述，介绍了平台业务需求和设计架构，描述了指挥调度平台各系统的业务流程、功能等内容；实践篇以江苏省高速公路现有指挥调度业务、系统为切入，介绍了江苏省高速公路联网营运管理中心与各联网成员单位指挥调度平台的相关内容。

《智慧高速公路公众服务平台建设与运营》分上下篇，分别为公众服务平台理论篇和实践篇。理论篇介绍了公众服务平台相关的基本概念，分析了公众服务平台的特点、建设模式、国内外发展现状、分类、体系结构和绩效评估方法，阐述了公众服务平台涉及的通信传输、服务器端等多项关键技术；实践篇通过案例分析，进一步阐述了科技服务、企业、政府、科研机构四类公众服务平台，并重点介绍了针对江苏高速公路公众服务业务需求进行设计的江苏省高速公路公众服务平台的相关内容。

《智慧高速公路运行维护管理系统建设》分上下篇，分别为运行维护管理理论篇和实践篇。理论篇介绍 IT 服务管理、ITIL 等相关理论内容；实践篇结合高速公路营运管理信息系统的独有特点，分析智慧高速公路运行维护管理系统特征和 IT 服务管理需求，探讨面向高速公路运营行业的 IT 服务管理方法，介绍了江苏省高速公路智能化信息平台的运维系统建设方案及相关内容。

在丛书的撰写和出版过程中，得到了众多行业领导、专家、老师们的关心与支持，在此表示衷心的感谢！衷心感谢交通运输部周伟总工程师、赵冲久总工程师，科技司庞松司长、洪晓枫副司长、邹力副巡视员，交通部西部交通建设科技项目管理中心杨新征副主任等领导一直以来对丛书的关心与支持。十分感谢交通运输部路网监测与应急处置中心李作敏主任、李爱民副主任，交通运输部科学研究院王晓曼书记，中国交通通信信息中心岑晏青副主任，交通运输部公路科学研究院总工程师王笑京和 ITS 中心李斌主任对丛书提出的宝贵意见。非常感谢江苏省人大常委会副主任、党组副书记史和平，江苏省交通运输厅游庆仲厅长、金凌副厅长、厅运输管理局蒋振雄局长、科技处王绍坤处长、陆毅副调研员，江苏省经济和信息化委员会信息化推进处赵卫强处长，对丛书写作与出版的支持和帮助。特别感谢江苏交通控股有限公司原董事长杨根林、总经理常青对丛书写作调研工作给予的大力支持。此外，感谢东南大学易红校长、刘京南副书记、王保平副校长、林萍华副校长、浦跃朴副校长、刘波副校长、郑家茂副校长、沈炯副校长、黄大卫副校长、党委宣传部毛惠西部长，东南大学土建交通学部王炜主任，交通学院秦霞书记以及过秀成教授在丛书写作和出版过程中给予的帮助。

在丛书的编写工作中，东南大学物联网交通应用研究中心的何赏璐、纪翔峰、杨彬彬、马春景、李梦甜、尹婷婷等研究生参与了《智慧高速公路理论与实践总论》分册的编写；张维、王浩森、李志伟、余东豪、丁婉婷等研究生参与了《智慧高速公路信息采集技术与应用》分册的编写；纪翔峰、展凤萍、杨彬彬、葛志鹏、余东豪等研究生参与了《智慧高速公路数据中心建设与运营》分册的编写；钟罡、李志伟、张雯靓等研究生参与

了《智慧高速公路指挥调度系统建设与运营》分册的编写；纪翔峰、聂建强、钟罡、杨彬彬、徐凌慧、余东豪、丁婉婷、黄帅凤、张雯靓、陈信超等研究生参与了《智慧高速公路公众服务平台建设与运营》分册的编写；王翀、余东豪、丁婉婷等研究生参与了《智慧高速公路运营维护管理系统建设》分册的编写。借此向所有参与本丛书编写的工作人员表示衷心的感谢！

此外，本丛书参阅了大量国内外相关文献资料，书中未能一一列出，借此也向这些著作和文献资料的原作者们表示衷心的感谢！

目录

CONTENTS

上篇　基础理论篇

下篇　应用篇——江苏省高速公路联网营运管理中心

SHANGPIAN
JICHULILUNPIAN

上篇

基础理论篇

1 概述

1.1 指挥调度平台的定义

指挥调度平台以信息采集与云计算数据中心为前提，以全面的交通业务数据、交通运行数据、交通静态数据为基础，面向高速公路指挥调度中心管理人员及领导，提供“交通运行全面监测、交通事件主动应急、指挥调度科学实施、业务数据综合展示、营运管理智能决策”的服务，建立与高速公路管理公司、外联单位应急指挥的协同通道，提高高速公路指挥调度的业务信息化、适用化、智能化水平。

高速公路指挥调度中心是高速公路监控指挥最上层业务指导部门，在高速公路营运和安全管理业务中协调路政、交警部门，并在和外省联动指挥中发挥重要作用。指挥调度中心的业务围绕高速公路营运管理和安全管理展开，包括高速公路视频监控、高速公路营运信息管理、高速公路管制、高速公路事故处理、高速公路区域协调与应急调度等业务。

1.2 指挥调度平台的建设目标

指挥调度平台以信息采集系统和云计算数据中心为基础，构建上层指挥调度应用平台，为高速公路交通营运与安全业务提供强有力的应用服务支持，提升交通营运管理“流程化、智能化、精准化、科学化”的新高度。

在交通营运方面，指挥调度平台提供高速公路交通运营状态监测与分析功能，构建与高速公路管理公司营运管理的纽带，通过交通事件管理子系统、决策支持子系统宏观管理高速公路营运信息，为交通营运管理、分析、优化提供信息基础和业务管理平台，为领导和业务人员提供重大节假日管制、免费放行管理、指挥调度业务统计、日常管理办法制订的决策支持服务。

在交通安全方面，将气象预警系统纳入不利天气下交通安全管理范畴，以智能事件判别技术提升交通异常事件的接警效率，在源头上第一时间发现安全隐患。融入应急指挥的智能化预警、响应、调度、评估业务模型，对影响交通安全的异常事件在第一时间处理，实现快速、高效、精准应急调度。以指挥调度的业务管理权限，在紧急条件下直接对高速公路的情报板信息管理，提高指挥调度平台的业务指导深度。

基于GIS技术构建指挥调度平台，将所有指挥调度基础数据信息、业务管理信息、系统协同信息在一张图上显示，提升资源聚合度，以一套系统共享交通业务信息。

1.3 指挥调度平台的建设范围

指挥调度平台的建设范围包括：监控调度、指挥调度综合展示、决策支持、交通事件管理、情报板发布与控制、气象服务以及指挥调度综合数据库。

监控调度实现对高速公路数据监测和分析。在重特大交通事件或区域协调情况下，高效支撑高速公路监测、预警、响应、处置过程，指导高速公路管理公司进行交通管制、交通分流、交通事故处理、应急资源调配等业务。

指挥调度综合展示基于GIS技术，对路网的多源数据进行集中、融合、分析及显示。

决策支持实现多源数据的集中统计、分析、挖掘，并生成直观的指挥调度业务的统计分析报表。

交通事件管理通过接入的高速公路交通事件数据，综合路网交通运行状态、交通环境信息，对交通事件进行评估、初步处理，并在人工干预下，与监控调度系统协同联动，进行自动应急预案处置。

情报板发布与控制实现监控中心的情报板发布情况，在重特大交通事件或区域协调情况下，具有一级控制权限对高速公路的情报板进行信息控制与发布。

气象服务为全路网提供高速公路气象数据展示、气象预报、气象预警、不利天气条件下交通处置预案。

在云计算数据中心明确的数据内容、数据接口、数据编码标准基础上，建设指挥调度综合数据库，为指挥调度平台及业务提供应用层的数据服务。

数据中心建设不属于本书讨论范围，有关数据中心的相关内容请参考本系列丛书的《智慧高速公路数据中心建设与运营》分册。

1.4 指挥调度平台的组成

指挥调度平台由6个系统组成，分别是：

(1)监控调度系统；

(2)指挥调度信息综合展示系统；

(3)决策支持系统；

(4)交通事件管理系统；

(5)气象服务系统；

(6)情报板发布与控制系统。

2 指挥调度平台的业务需求与设计架构

2.1 指挥调度平台的业务需求

2.1.1 功能需求分析

指挥调度平台总体功能需求为：全面监测，主动应急，科学调度，综合展示，智能决策。

(1)通过交通运行监测、事件发现，结合已有的人工上报过程主动发现应急处置需求，提高指挥调度的应急接入效率与精确度。

(2)构建应急事件研判、调度资源分析、响应预案生成、处置预案生成等系统能力，实现智能化响应处置。

(3)通过情报板等公众信息载体，提高指挥调度处置效率，实现处置方法指令化、实时化。

(4)数据接入、分析、展示过程统一，以一套标准 GIS 显示界面对交通基础数据、业务系统处理数据、指挥调度过程与结果数据集中展示。

(5)对指挥调度业务过程与结果数据进行智能决策分析，面向领导生成多维度、多层次的路网运行、管理数据分析与统计报表。

2.1.2 性能需求分析

系统运行稳定，必须保证系统服务的高可靠性，各模块要求运行稳定，特别是核心运算业务的运作和对非正常情况的可靠处理，以保证用户连接的畅通及业务处理查询的速度。

软件长时间运行，系统 MTBF(Mean Time Between Failure，平均故障间隔时间)不少于 10 000h，MTTR(Mean Time To Restoration，平均恢复前时间)不大于 1h。

局域网支持并发通信数量为 3 000 次/s；WEB 并发查询数量为 1 000 个用户。局域网每次信息查询的响应时间小于 2s；全局地图信息更新加载时间小于 2min；局域网在地图放大并加载所有图层的情况下移动地图延时在 0.3s 以内。

能支持大量并发用户访问，要求高峰时期支持 2 000 个以上的并发用户以及 20 000 个在线用户；系统响应时间不大于 20s。系统支持并发用户数大于 100 人；百万目录数据量带全文，检索客户端响应时间不大于 2s。

查询界面友好，采用对话方式，入口、出口要简单、清楚、准确。可以自动生成一定格式的报表。屏幕显示画面要清晰、数据编排要合理；屏幕颜色不刺眼，不要滥用颜色或过多使用鲜艳颜色；充分利用屏幕空间，重点突出图形区域；文本区域尽量缩小至一个合理的尺寸大小；相同功能的模块在不同子系统中以同一菜单出现。

信息发布更新频率不大于 10s，信息查询准确率高于 98%，信息反馈界面尽量在一个页面展现。各类信息查询成功率达到 98%。

基础数据存储符合公路网运行监测与服务规范，依照该规范建库、表及视图；数据库的物理结构设计满足三大范式。

要求每天自动一次增量存储备份，每周自动一次全量存储备份；支持手工备份。

提供应急指挥调度模拟预案，模拟预案的处理办法、执行效果以及评估结果与真实场景的相似程度较高。

2.1.3 数据需求分析

按照指挥调度平台的业务需求，划分数据需求，数据内容如表 2-1 所示。

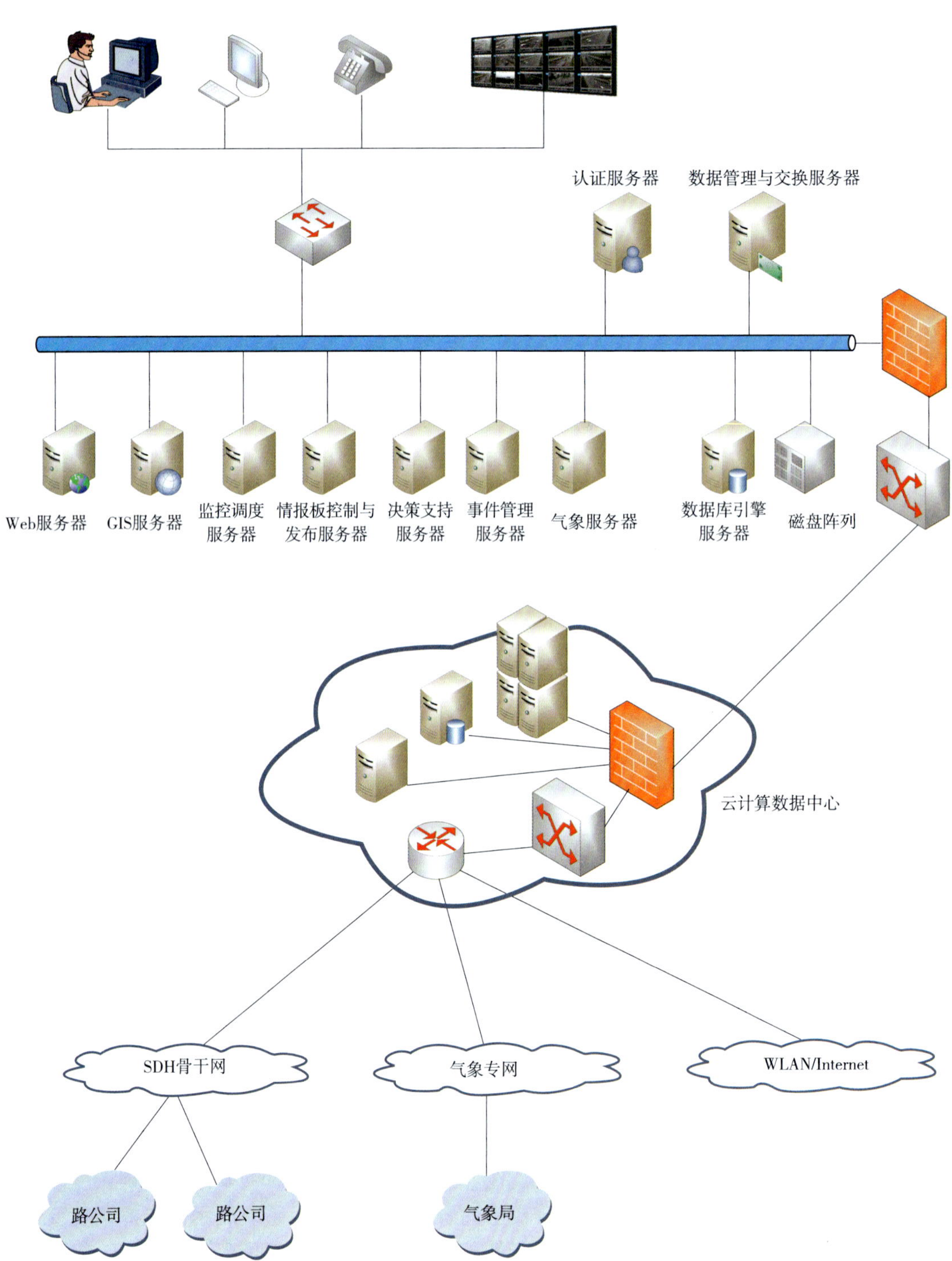

图 2-2　指挥调度平台物理架构图

2.2.3　数据流架构

指挥调度平台数据流设计遵循路网层、路段层数据流设计思路，输入数据均来源于路网云计算数据中心，所需基础数据与业务数据均来源于路网云计算数据中心，通过数据交换平台与数据服务总线获取支撑数据。指挥调度平台总体数据流架构如图 2-3 所示。

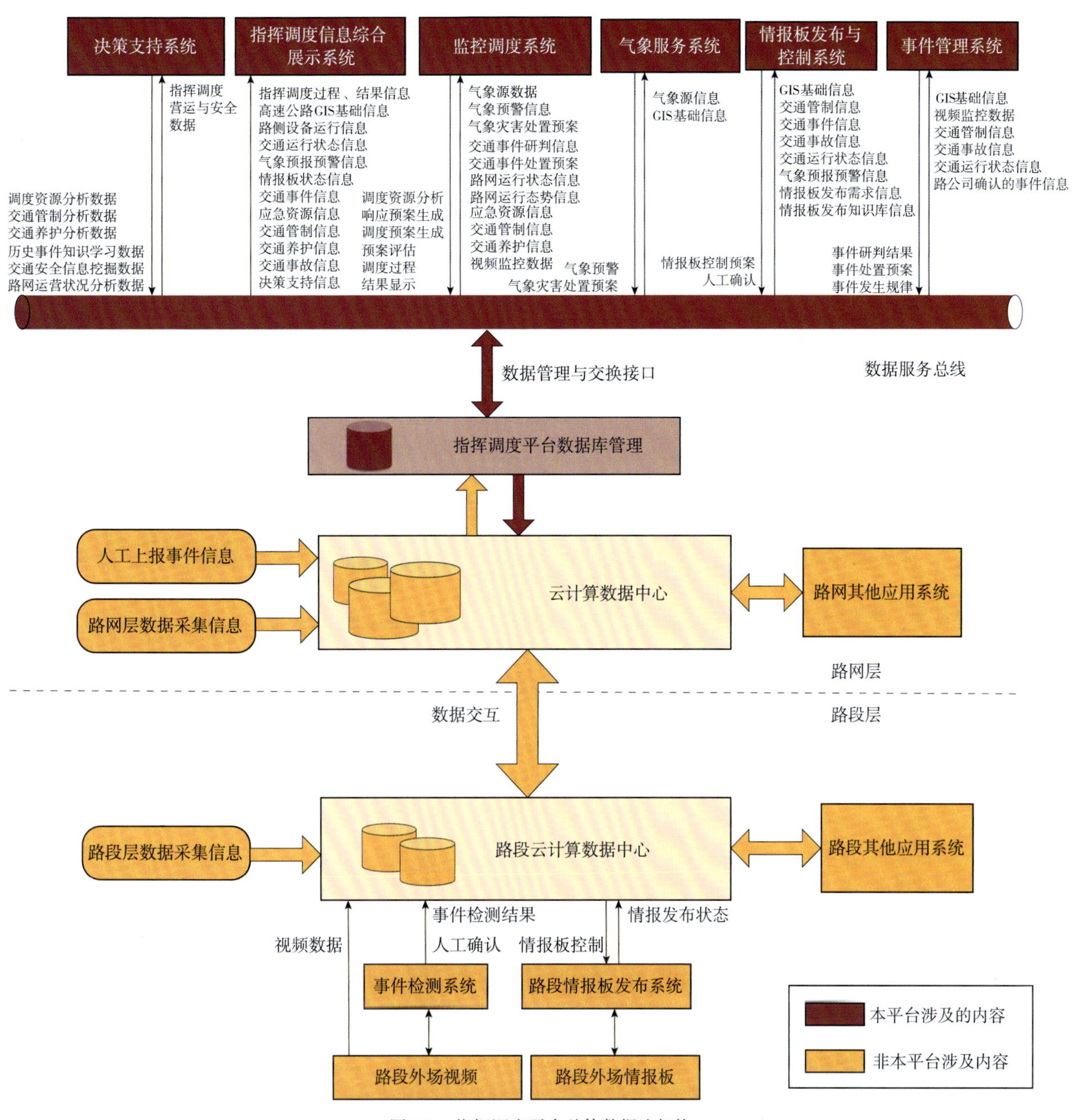

图 2-3　指挥调度平台总体数据流架构

指挥调度平台数据需求包括 3 大类型：数据中心存储的交通数据、视频监控数据、指挥调度业务过程中人工接入数据。指挥调度平台通过云计算数据中心提供的视频交换接口获取视频通道与视频流信息。

指挥调度平台输出数据最终均流向云计算数据中心，由云计算数据中心提供数据交换接口与数据共享权限，提供给其他应用系统。

指挥调度平台中的监控调度系统、指挥调度信息综合展示系统、气象服务系统、决策支持系统数据均面向数据中心流入、流出。

事件管理系统接入基于视频的交通事件检测结果信息，通过数据中心数据交换，将结果上报、显示、分析、预警。

情报板发布与控制系统的输出数据推送至云计算数据中心，通过情报板发布控制通道，在紧急情况下，实现对情报板的一级权限控制。

2.2.4 技术架构

指挥调度平台总体采用基于J2EE(Java 2 Platform, Enterprise Edition)平台的3层分布式应用体系架构，将用户界面、业务逻辑与数据资源等进行有效的分离，以保障系统具有良好的扩展性和稳定性。系统遵循SOA(Service-Oriented Architecture，面向服务的体系结构)设计理念，系统由Web网站服务器、功能服务器、数据库服务器以及J2EE应用服务器构成，主要提供地图操作服务、即时通信服务、统计分析报表服务、安全管理、日志管理、消息管理、数据交换等基础支撑性服务。其总体技术架构如图2-4所示。

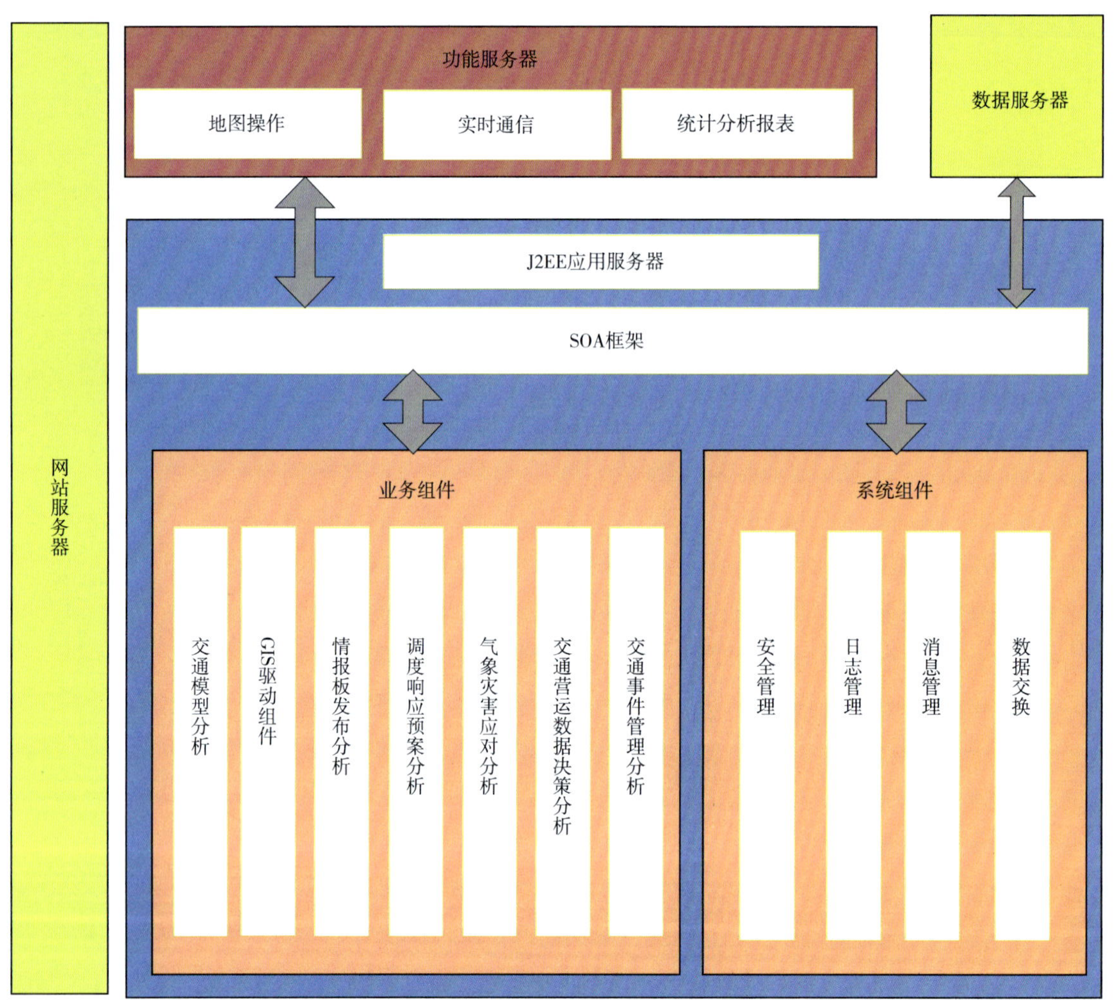

图2-4 指挥调度平台总体技术架构

指挥调度平台业务处理的核心是数据中心系统总线(采集、存储、处理、交换)。平台通过Web Service数据传输服务将其他现有系统的数据实时传输到市政务数据中心，系统平台中的Web Service是SOA最佳应用实例，平台以Web Service为基础，遵循XML(Extensible Markup Language，可扩展标记语言)协议实现指挥调度平台数据的接入与交换。HTTP(HyperText Transfer Protocol，超文本传输协议)是典型的SOA架构设计，客户端通常是通过浏览器，向服务器端以文本的方式发送一个请求，索取一个Web页面；服务器端接收到这个请求之后，根据请求的内容进行处理并且返回一个符合HTML(HyperText Markup Language，超级文本标记语言)语法的文本；客户端接收到服务器端的响应文本后调用本地的程序，浏览器把返回的HTML文本的内容展现出来。指挥调度平台总体技术实现架构如图2-5所示。

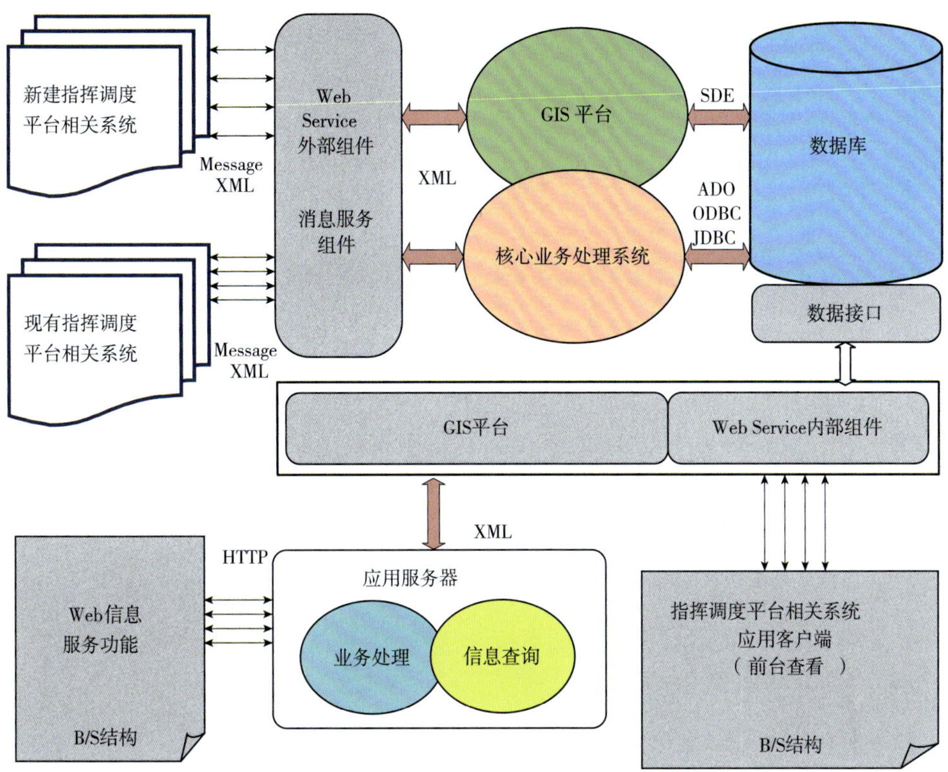

图 2-5　指挥调度平台总体技术实现架构

3 监控调度系统

3.1 业务模型

监控调度业务建立在快速应急接入与主动事件检测的基础之上，通过科学的应急响应过程拟订应急预案，在指挥中心的统筹之下合理地进行应急处置，将应急风险降至最低、应急效益提升至最大。

按应急事件处理周期，将监控调度的业务模型分为应急接入、应急响应、应急处置 3 个阶段，如图 3-1 所示。

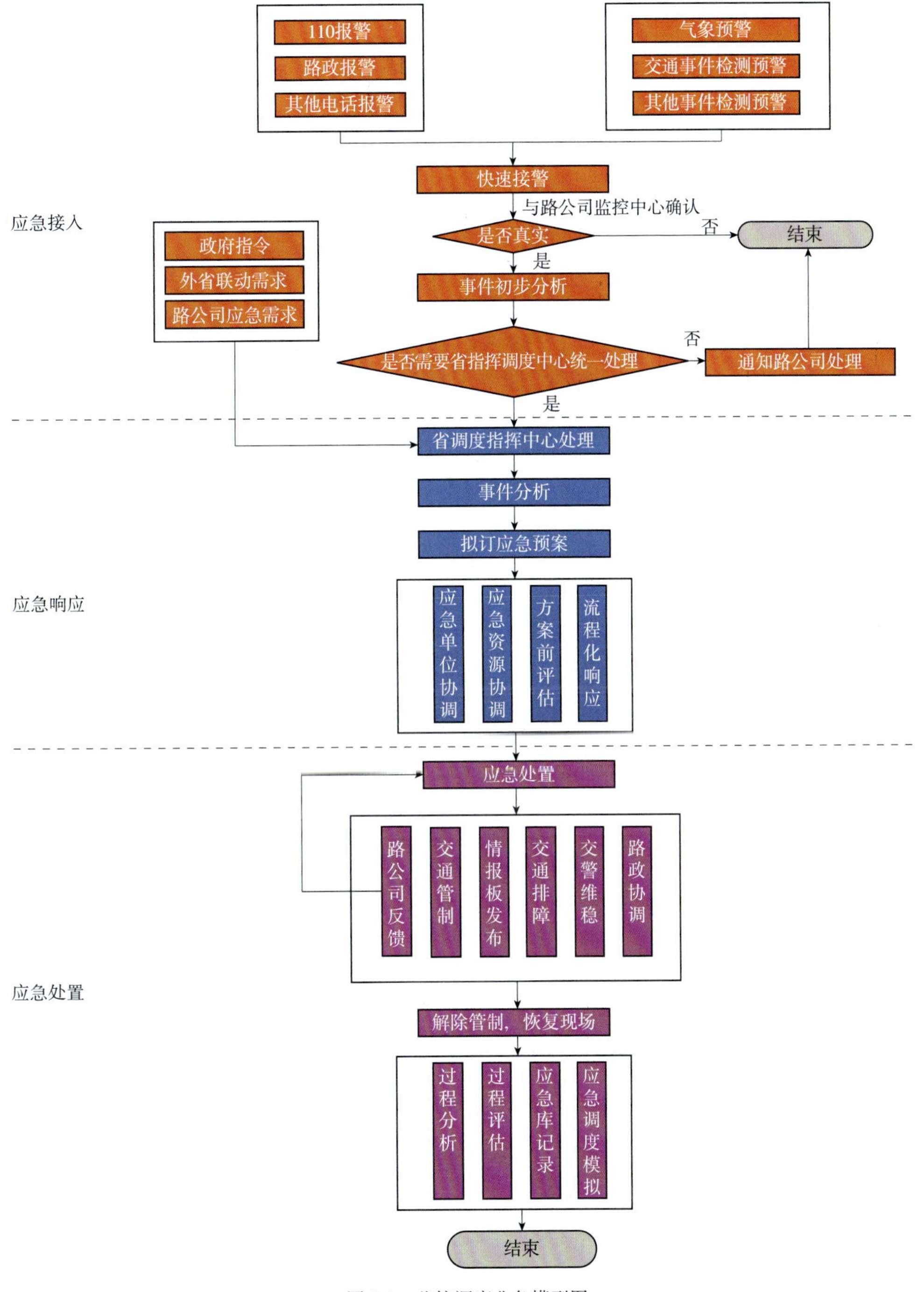

图 3-1　监控调度业务模型图

3.1.1 应急接入

路网指挥调度中心是高速公路指挥调度的最上层业务部门，因此应急接入属于路网层需求。影响大、影响范围广、跨区域协调、跨部门协调的接警，由省监控调度系统接入处理。

当接收到应急请求之后，确认事件的真伪，并与路段调度监控中心确认事件的级别，确认应急接入的合理性。

3.1.2 应急响应

在应急接入之后，结合事件影响和交通运行现状，分析事件的处理办法，制订应急预案。预案确定应急组织形式、应急联动形式、应急执行目标，制订预案是一项系统化的决策过程。系统按流程化、系统辅助的方式为业务人员提供应急响应支持，提高应急响应的效率。

3.1.3 应急处置

按照应急响应的结果，实施执行应急预案。针对大规模应急情况，需在应急处置过程实时调整应急步骤和应急办法，包括与外联单位的配合模式、交通管制策略、交通诱导策略等。通过持续地应急处置跟踪，明确应急处置的阶段目标，适当调整应急过程，促进应急指挥有针对性、有组织性地开展。

应急接入的关键是提高事件发现的实时性并对事件进行确认，初步确定事件的影响范围，为下一步业务作分析依据；构建强有力的应急资源分析能力，提供应急调度辅助决策，避免人工经验主义预警错误，达到应急快速响应的目的；在应急处置时提供事件处置的配套信息化管理手段，实时跟踪路段事件处置进展。

3.2 系统架构

3.2.1 逻辑架构

监控调度系统逻辑架构如图3-2所示，按数据与应用的层次关系划分为4层，分别为数据支持层、接口组件层、模型组件层、业务功能层，四者由下至上，相互依赖。

数据支持层：包括路网云计算数据中心与指挥调度平台应用数据库，以路网云计算数据中心的基础数据库、专题数据库、融合数据库为基础，按需抽取指挥调度平台应用数据，按标准的数据同步与交换接口实现二者数据交换与共享，形成“八库一网”应用数据资源池。

接口组件层：提供数据与业务支撑的标准化接口。监控调度系统包括GIS平台交互接口、交通模型组件、信息挖掘功能组件、数据管理与交换接口、网络通信响应接口以及视频接口，以数据管理和交换接口提供数据路由功能与数据初步分析处理功能。

模型组件层：提供系统运行所需的分析、预案模型驱动，包括调度预案选取模型、调度预案学习模型、应急资源分析模型、协调响应支持模型和运行指标分析模型。模型组件面向业务功能，但分离于业务功能，以提高系统功能解耦能力；将功能核心与功能展现分开，增强系统的易扩展性与健壮性。

业务功能层：构建面向指挥调度业务人员、相关领导的监控调度功能，提供功能展现与业务管理的人机交互界面。业务功能包括日常监控、应急条件下预警响应、应急处置、指挥调度事后评估。

监控调度系统设计与实施，严格遵循高速公路运行监测与服务技术要求、高速公路监控调度业务流程规范，按指挥调度平台的安全保障办法支撑系统的正常运行。

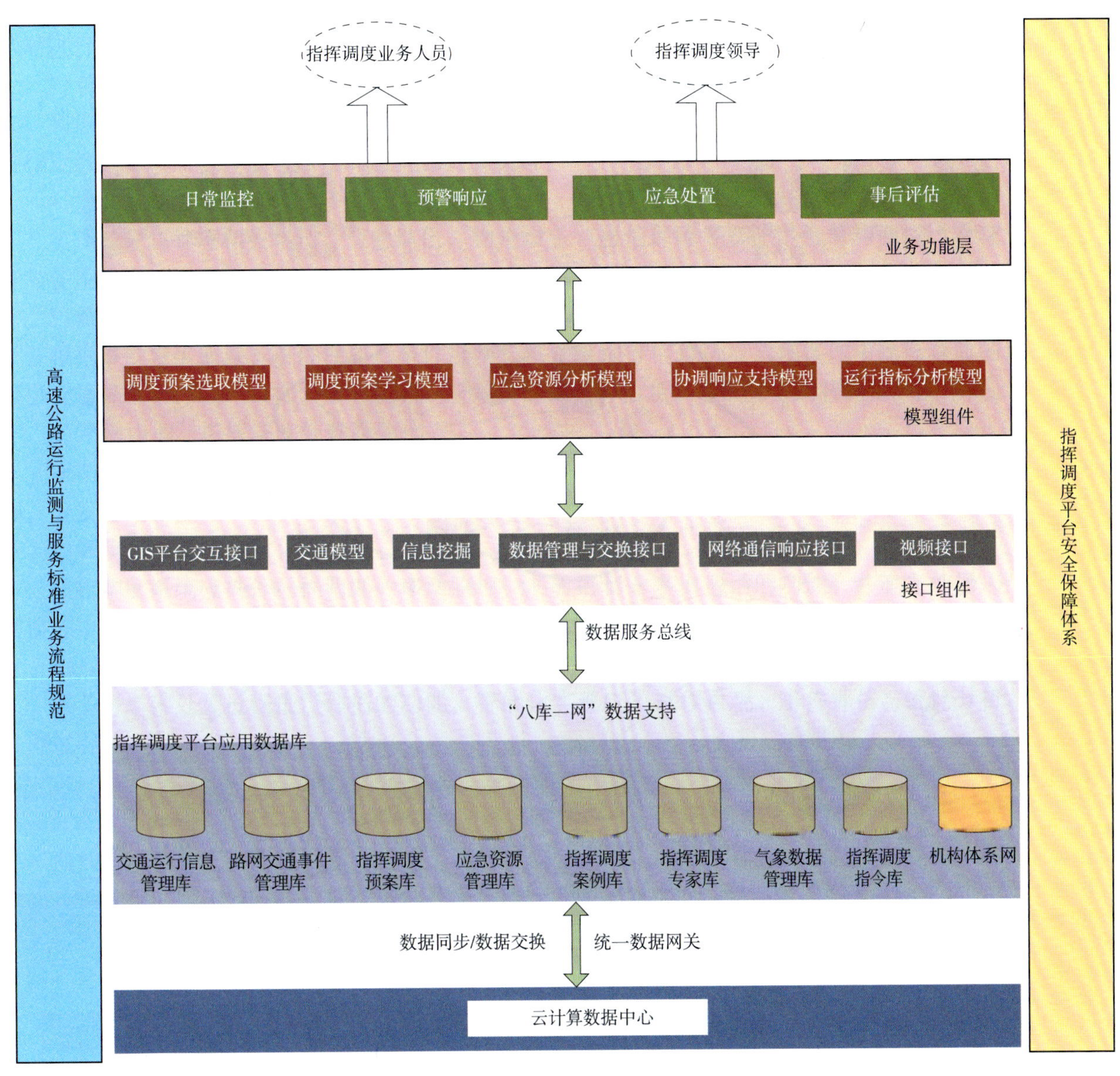

图 3-2　监控调度系统逻辑架构图

3.2.2　物理架构

监控调度系统物理架构如图 3-3 所示。路网监控调度系统以路段管理公司外场移动装备、路段视频、路段情报板为基础，以路段数据中心与路网数据中心为数据传输通道，提供监控调度的信息交换链路。同时，由路网云计算数据中心同步对路政、交警信息互联互通。

1)日常监控

日常监控功能模块包括路网运行状态监控、路况信息管理、视频监控、路网运行态势监控、值班业务及排班管理、应急接入6大功能。

(1)路网运行状态监控

以路网运行态势监测为基础，主动检测路网运行中存在的隐患、已发生的交通阻塞事件。

监控数据内容：路网运行状态信息(交通流量、平均车速)、路网突发事件。监控数据的表达方式以抽象与具体、宏观与微观相结合的方式展示。

监控数据抽象、宏观表达方式：根据事件对高速公路的影响和需要的运输能力分为四级预警，分别用红色、橙色、黄色和蓝色表示，在监控调度系统的GIS地图上进行标注。

监控数据具体、微观表达方式：当业务人员点击该监控事件图标时，弹出该事件的属性信息，包括异常发生时间、异常影响范围、异常所在区域或路线的直接责任单位。

当有影响到路网交通运行的特重大交通异常事件时，系统发出报警声音、图像、视频，直至业务人员按流程处理完该应急事件。

(2)路况信息管理

路况信息管理是对全路网交通管制、分流措施、养护施工信息统一查看与管理。

将路公司上报的管制时间、管制路段、管制级别信息，以图形、图像、报表、GIS地图POI展示等多种方式查看全路网路况管理情况，可通过点击图标弹出视频图像、情报板内容。

(3)视频监控

视频监控功能是对已有CCTV(Closed Circuit Television，闭路电视)视频监控的功能补充。将视频监控点、交通事件位置信息关联，当交通事件发生时，系统自动选择最近视频监控POI点，使业务人员能第一时间通过视频查看现场交通事件发现情况。

(4)路网运行势态监控

路网运行势态分为5min、10min、15min势态。以路网拥挤度与路段平均车流量指标衡量路网势态，通过GIS地图与文字显示两种方式表达短时交通预测结果。在GIS地图上能直观地查看、对比当前交通势态的渐变趋势，点击对应的POI点(Point of Interest，信息点)或相关路段时，弹出文字显示路网拥挤度与路段平均车流量的值。

(5)值班业务及排班管理

值班业务及排班管理是监控调度系统的一项辅助功能，提供值班人员日常指挥调度的值班信息管理，包括排班计划、值班签到、任务交接、任务统计功能。

(6)应急接入

通过路网运行状态自动判别与人工审核信息两种方式，确认应急事件请求的真实性与严重程度。应急事件类别包括路段级别应急事件与路网级别应急事件，应急接入功能判断应急事件是否符合路网应急处置级别。功能需兼容当前人工电话上报的应急接入方式。

2)预警响应

预警响应功能模块包括应急事件分析评估、应急资源管理、应急预案辅助决策、应急沟通预案生成、预警专家库分析、预案评估六大功能。

(1)应急事件分析评估

通过系统自动判别与人工判别两种方式判别应急事件的类型、影响。

系统采用《公路交通突发事件应急预案》中突发事件的预警和响应级别对应急事件进行评估，评估结果分为特别严重、严重、较重、一般。

(2)应急资源管理

应急资源信息包括交警GPS车辆、路政GPS车辆、清障GPS车辆，以及清排障人力数据、清排障备品备件、相关联动单位的地理位置和联系方式等信息。

系统提供基于事件位置指定半径范围内的联动单位信息，能自动提示最近的联动单位的联系信息；系统提供基于事件位置指定半径范围内的应急车辆搜索功能，半径长度可根据用户需求自定义，能够自动提示距离事件地点最近的 GPS 车辆信息，并结合当前路段的实时车速信息，对车辆赶往事件地点的时间进行估算。

具体功能如下所述：

①车辆查询：选择受控车辆，系统可在电子地图上自动搜索该车辆的位置和其他相关信息。

②相关联动单位信息生成：基于离事件位置最近原则，自动搜索医疗、交警、消防、路公司监控中心单位的基本信息，显示地理信息与联系方式。

③清排障人力数据、清排障备品备件查询：确定路公司监控中心责任单位后，调看路公司清排障人力数据、清排障备品备件数量。

④车辆搜索和最近车辆定位：能够以事件地点为中心，搜索指定半径内的所有车辆信息，包括车辆编号、位置、方向、行驶速度等；能够自动定位距离事件地点最近的车辆，并提示车辆编号、位置、方向、行驶速度以及呼叫方式等。

⑤智能调度：调度指挥中心可对网络内车辆进行选呼或群呼。

⑥时间估算：可结合流量监测信息，对网络内任意车辆距离事件地点的行程时间进行估算。

(3)应急预案辅助决策

系统提供应急预案辅助决策支持功能，包括危化品车辆事故处置预案、一般交通事故处置预案、重特大交通事故处置预案、车辆失火处置预案、自然灾害处置预案、社会群体性事件处置预案。

预案内容包括：提供事件处置流程指导建议，以工作流的形式，按部、省公路应急指挥流程制订适宜路网高速公路的应急处置流程。内容包括应急处置操作过程、应急处置措施先后顺序、应急处置细则及依据。系统支持以管理员权限添加、修改、删除相关预案内容。

预案具体内容应包括以下内容：

在应急情况下的交通分流措施，特别是重点路段、交通枢纽、互通路段的交通分流方案；交通管制预案应结合公安交通管制办法，配合交警部门对应急事件处置；应急情况下出入口、道路主线、分流处的情报板发布内容预案；事件影响涉及的路公司监控中心协调应对措施；事件发生现场的处理措施，特别是重特大交通事故、危化品车辆交通事故情况下，提供指导现场应急处置办法。

(4)应急沟通预案生成

系统根据应急事件分析评估结果、应急事件资源管理、应急事件处置预案、应急事件发生的地理位置信息，自动提供事件影响范围内的联动应急部门联系方式。以网络语音通信方式、人工电话拨打方式，利用现有视频会议系统、一键拨号电话系统进行网络会议、语音沟通。该过程需记录沟通预案的执行情况与语音录音功能。

(5)预警专家库分析

系统提供不同应急领域的预警专家信息、预警资源库信息，便于大规模不可控的应急事件条件下提供预警专家的应急支持。预警专家库包括：不同危化品的处置办法、不同火灾原因的处置办法、自然灾害条件下的处置办法；各个领域的预警专家(包括控股公司、交警、路政系统的专业预警人士)信息、联系方式。

系统支持以管理员权限添加、修改、删除相关预警专家库内容。

(6)预案评估

预案评估功能结合应急事件现场的情况、交通环境影响因素、交通势态预判信息，对应急预案进行评估，生成预案执行可行性分析、可操作性分析，以及执行建议信息。

3)应急处置

应急处置模块包括调度指令生成下发、应急资源调配、应急调度状态跟踪、应急调度预案修正四大功能。

(1)调度指令生成下发

系统在应急监控、应急响应基础上，将调度处置预案转化为应急调度指令，下发给路公司监控中心。

调度指令下发方式包括：系统业务接口下发、人工电话下发、传真文件下发3种方式。

调度指令类型包括：交通分流措施、交通管制措施、情报板发布措施、路段协调措施、应急现场处置措施、警卫任务处置措施的相关指令。

指令内容包括：指令发送单位信息、指令接收单位信息、调度内容、指令有效时间。调度内容是处置应急事件方案的具体文字、图像描述。

(2)应急资源调配

应急资源调配是对应急救助、道路清排障资源的统一部署。清排障资源部署方案，由指令下发给路公司监控中心处理；交警、消防、医疗资源部署方案，由一路三方联合商议之后，由公安部门统一处理；路政资源部署方案，由一路三方联合商议之后，由路政部门统一处理。

应急资源部署包括：交警GPS车辆、路政GPS车辆、清障GPS车辆，以及清排障人力、清排障备品备件、医疗、消防资源。

(3)应急处置状态跟踪

系统提供应急现场处置状态跟踪功能，使省联网中心业务人员同步了解应急处置的进展与存在的问题。

系统通过应急指挥移动视频查看现场执行情况，并且通过路公司上报的应急反馈信息了解应急状态、进展情况；系统提供应急车辆状态信息(巡查、援救、行驶目标)、车辆驾驶员信息。

(4)应急调度预案修正

系统根据同步获取的应急状态与调度执行进展，对应急调度指令进行适当修正，实时地根据调度需求下发新的调度指令，从而对指挥调度过程实现闭环控制。

4)事后评估

(1)调度处置知识学习

调度处置知识学习功能是对指挥调度事件进行总结与归档，生成调度处置知识库，形成经典案例。

系统提供指挥调度事件案例增加、删减、修改功能，事件相似性自动判别功能。

(2)指挥调度效率评价

系统通过对应急处置过程信息的记录，实现对事件本身及其应急处置效果的分析和评估，主要包括：事件造成的人员、财产损失的评估与统计；应急处置成果的评估；事件处置过程的成本与费用核算；事件处置过程的奖励与责任追究等。

(3)调度指挥演习支持

系统提供交通突发事件的模拟场景，选择不同的路段进行调度指挥演练。

模拟场景包括：主线道路、道路出入口、互通道路、枢纽的交通异常事件，结合各种静态、动态应急资源，提供调度指挥的预警、响应、处置全生命周期的仿真模拟演练。

4 指挥调度信息综合展示系统

4.1 业务模型

指挥调度信息综合展示系统以GIS技术作为交通信息显示、地理数据与交通数据分析的基础，对高速公路营运与安全业务数据进行监测、分析、展示，其业务模型分为数据共享、数据分析、数据显示、数据管理四大部分，如图4-1所示。

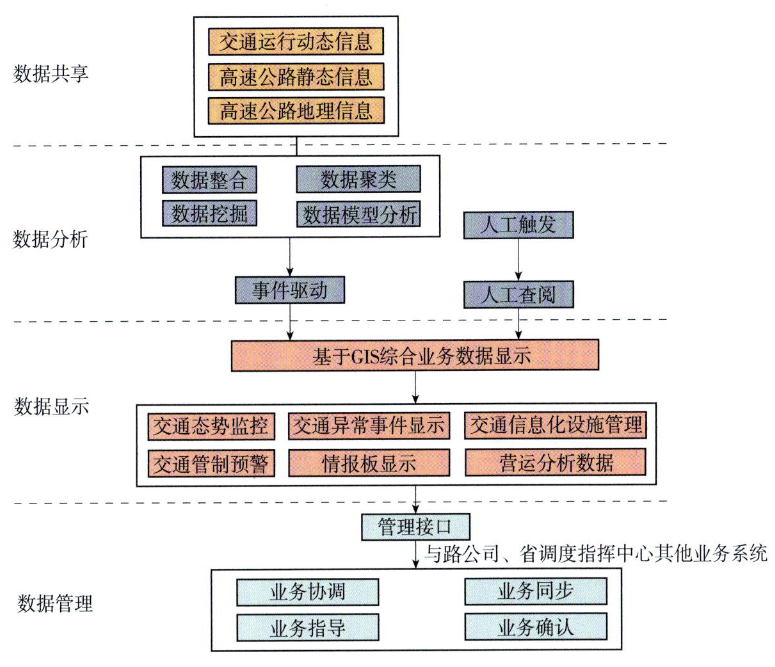

图4-1 信息综合展示业务模型

4.1.1 数据共享

数据共享是综合展示系统的基础业务，利用云计算数据中心与外部数据接口，将业务数据整合、抽取。各指挥调度业务子系统的数据均输入作为驱动数据。

4.1.2 数据分析

综合显示系统通过业务模型分析，输出交通营运与安全相关结论，并将相关历史数据进行数据挖掘，提取交通运行规律，生成报表。

4.1.3 数据显示

将高速公路地理数据、高速公路交通营运数据、各种业务模型分析数据综合集中展示，在同一张图上实现业务整合。

4.1.4 数据管理

GIS综合展示系统以事件驱动或人工查阅方式实现数据应用，以一套显示界面、管理接口提供综合数据业务的管理功能。

GIS综合展示系统业务源自事件驱动或人工操作。综合数据共享将高速公路营运与安全数据源集中，通过数据分析挖掘数据内部及数据之间的潜在规律和联系，以同一显示界面展示多业务数据，通过主动和被动两种方式为管理者提供营运与安全的显示、管理功能。

4.2 系统架构

4.2.1 逻辑架构

指挥调度信息综合展示系统逻辑架构包括4部分内容，如图4-2所示。

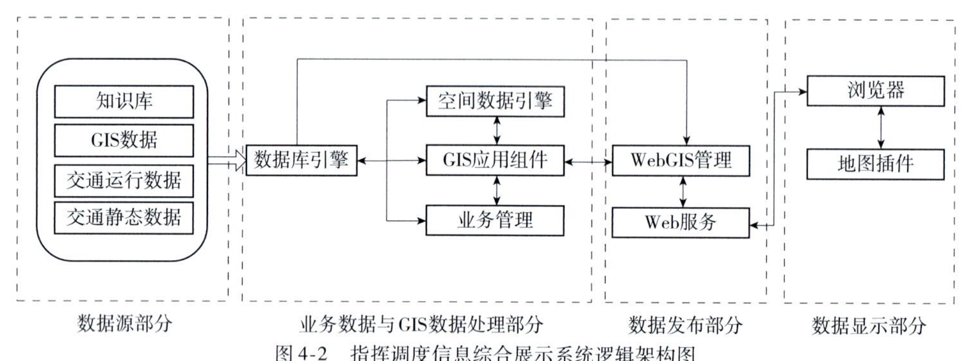

图4-2 指挥调度信息综合展示系统逻辑架构图

数据源部分由数据存储单元构成，业务数据与GIS数据处理部分由GIS服务器、数据库引擎服务器统一处理，数据发布功能由指挥调度信息综合展示服务器、Web服务器统一实现。通过GIS显示大屏与客户端显示器展示。

4.2.2 物理架构

指挥调度信息综合展示系统物理架构，如图4-3所示。

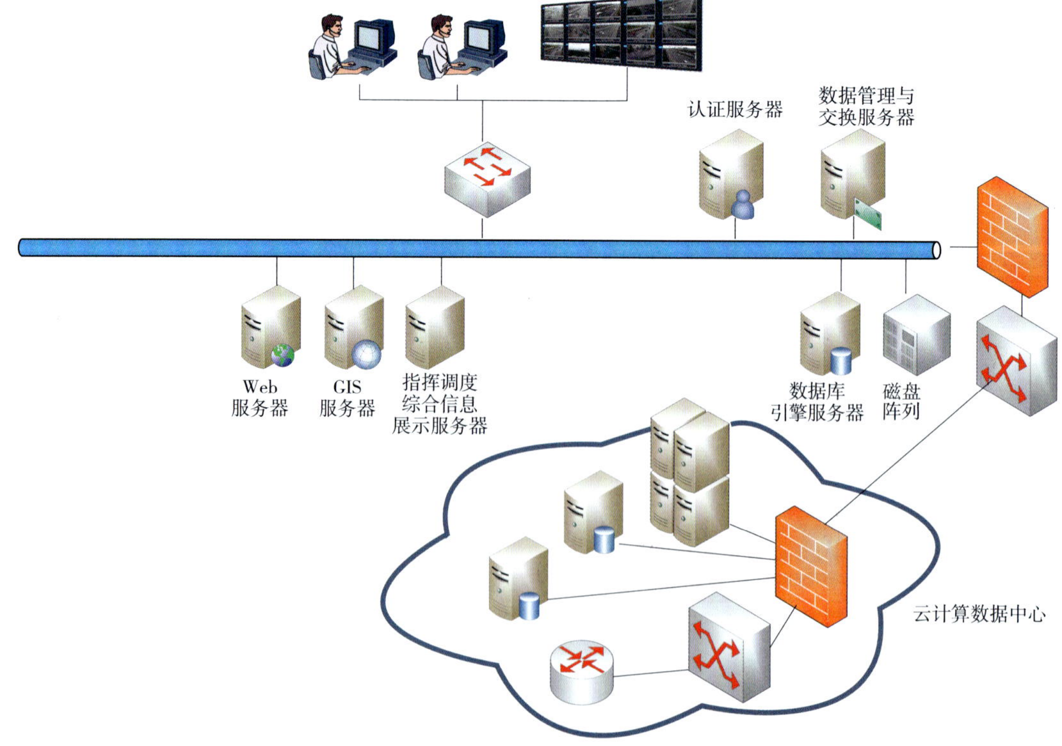

图4-3 指挥调度信息综合展示系统物理架构图

4.3 系统功能

4.3.1 系统功能目标

利用 GIS 电子地图分析、展示技术，结合交通营运与安全业务流程，将交通营运数据综合利用，通过智能分析算法抽取元数据并进行模型分解，以图像、文字、声音、视频等方式形象、直观地展示交通状况信息，同时提供协同管理接口，便于与其他业务系统和其他部门业务互动。指挥调度信息综合展示系统功能目标如下：

1）交通业务资源深度整合

在综合数据库的基础上，利用其他业务系统数据接口，聚合多源数据，形成全面数据集，按 GIS 与业务应用规划整合数据。

2）交通数据分析适用化

建立紧急条件下高速公路交通运行监测、交通运行势态扩散模型，通过数据横、纵向对比，挖掘交通事件规律；交通数据模型以自学习反馈方法不断修正，不断逼近真实值。

3）多样式业务统计报表分析与生成

建立交通营运业务离散数据、统计数据的分析与显示关联，通过定制统计规则与流程，实现一套元数据、多种图形显示。

4）GIS 图层显示标准化

所有数据、分析结论均通过一套标准化图层体系展现，图层元素以标准化符号显示，图层坐标支持 WGS84 经纬度和高速公路桩号两种表达方式。

5）多尺度数据显示

利用 RIA 技术实现 GIS 平台多途径显示与互动，利用声音、文字、图像、视频等方式提供内容密集、响应速度快和图形丰富的用户界面，提供动画对交通数据变化做出响应。

6）营运业务协同

GIS 数据平台提供数据流出与数据流入的标准化接口，供调度业务系统进行数据交换，从而实现综合平台的展示与协同作用。

4.3.2 系统功能模块

指挥调度信息综合展示系统按展示内容层次，划分为四类展示功能模块，功能结构如图 4-4 所示，系统图层分布如图 4-5 所示。

指挥调度信息综合展示系统功能开发原则如下：

①以一套标准化的数据和图层、显示界面以及同一套标准的显示驱动接口来确定 GIS 显示标准。

②在显示标准化的基础上，通过业务信息共享，将指挥调度中多业务、多信息、多接口相统一，实现 GIS 空间数据与业务关系数据的关联与共享。

③GIS 显示通过业务驱动作为显示触发，在数据源层面实现 GIS 系统显示与业务管理的协同，实现 GIS 综合展示系统多角度、全方位展现业务状况。

④以人机交互的形式提供定制化、个性化的数据显示功能，在 GIS 系统后台通过数据分析，获取所需的交通运营与安全数据，以直观的形式展现；以数据、业务、模型为基础，实现服务型 GIS 显示，达到多源数据综合显示、业务数据分析统计显示、辅助分析结果智能显示的目的。

1）基础信息、静态信息显示

基础信息、静态信息显示说明见表 4-1。

指挥调度信息综合展示系统功能

- 基础信息、静态设备显示
  - 路网底图
  - 加油站、服务区、收费站
  - 涵洞、互道、交通枢纽、桥梁、匝道
  - 气象监测器、交调站、车检器、摄像机
  - 交警驻点、路政驻点、路公司监控中心、路公司养排处、消防点、医疗点
  - 可变限速标志、情报板
- 交通运行状态显示
  - 交通运行状态
  - 运行势态显示
  - 交通事故
  - 交通事件信息
- 指挥调度动态数据显示
  - 交通管制
  - 应急资源库
  - 指挥调度信息设备
  - 气象数据
  - 突发事件
  - 养护信息
  - GPS车辆信息
- 综合信息显示
  - 辅助决策信息
  - 路网安全状况
  - 路网营运管理数据

图 4-4　指挥调度信息综合展示系统功能结构图

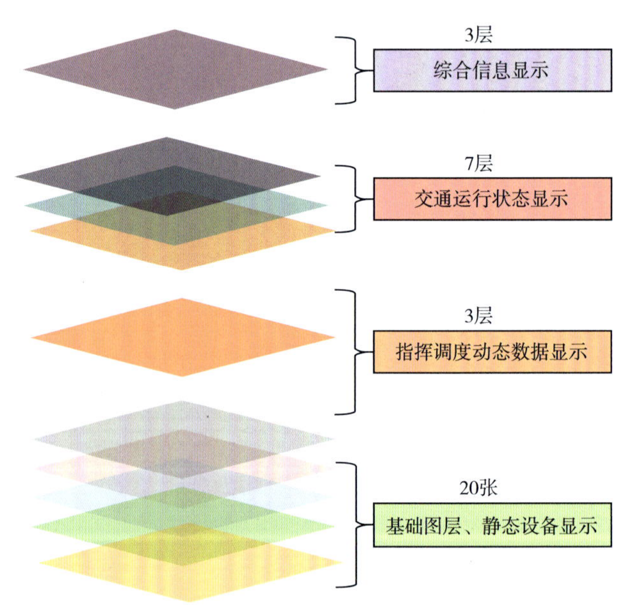

图 4-5　指挥调度信息综合展示系统图层分布

基础信息、静态信息显示说明　　表 4-1

图层显示类	信息显示列表	显示功能说明
路网基础地理信息	路网底图	基础底图信息，由空间数据库提供数据显示
路网结构信息	加油站、服务区、收费站、涵洞、互道、交通枢纽、桥梁、匝道	本显示类一共分为 8 个图层，每个图层显示一种结构信息。以 POI 方式显示各个信息，当比例尺放大或缩小时，POI 图标尺寸跟随变化。当鼠标点击该 POI 点时，弹出该 POI 对象的链接属性信息。有效链接率大于 99%。路网结构信息图层的信息随实际路网信息的变更而更新。不同图层支持叠加显示

续上表

图层显示类	信息显示列表	显示功能说明
路网信息采集设备	气象监测器、交调站、车检器、摄像机	本显示类一共分为4个图层，每个图层显示一种采集设备。以POI方式显示各个点信息，当比例尺放大或缩小时，POI图标尺寸跟随变化。当鼠标点击该POI点时，弹出该POI对象的链接属性与数据信息。有效链接率大于99%，数据准确度大于95%，信息采集设备数据的更新周期小于10min。不同图层支持叠加显示
路网运行辅助设施	可变限速标志、情报板	本显示类一共分为2个图层，每个图层显示一种采集设备。以POI方式显示各个点信息，当比例尺放大或缩小时，POI图标尺寸跟随变化。当鼠标点击该POI点时，弹出该POI对象的链接属性与数据信息。有效链接率大于99%，数据准确度大于95%。不同图层支持叠加显示
路网应急资源静态信息	交警驻点、路政驻点、路公司监控中心、路公司养排处、消防点、医疗点	本显示类一共分为6个图层，每个图层显示一种采集设备。以POI方式显示各个点信息，当比例尺放大或缩小时，POI图标尺寸跟随变化。当鼠标点击该POI点时，弹出该POI对象的链接属性与数据信息。有效链接率大于99%，数据准确度大于95%。不同图层支持叠加显示

图4-6是信息采集设备显示的图例。图层可显示设备的地理属性、状态信息、数据信息、运行工况信息，并以不同的颜色显示以区别工作状况的正常与异常情况。

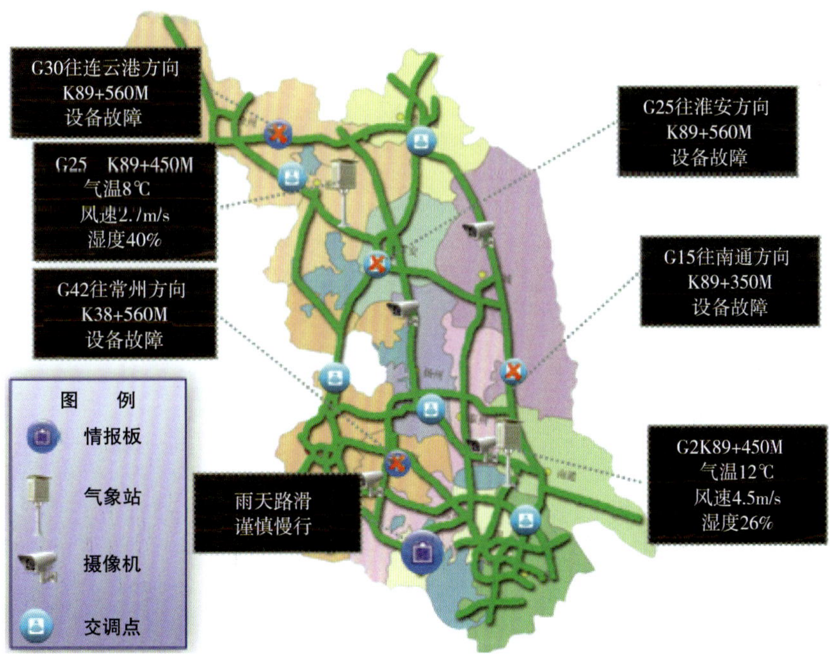

图4-6　路网信息采集设备显示例图

2）交通运行状态显示

交通运行状态显示说明见表4-2。

交通运行状态显示说明　　表 4-2

信息显示列表	显示功能说明
交通运行状态	以路网拥挤度与路段平均车流量指标衡量路网运行状态。在 GIS 地图上能直观地查看不同的运行状态(以不同的颜色表示)。点击对应的 POI 点或相关路段 Link 时，弹出文字显示路网拥挤度与路段平均车流量的值
运行势态显示	路网运行势态分为 5min、10min、15min 势态。以路网拥挤度与路段平均车流量指标衡量路网势态。在 GIS 地图上能直观地查看不同的势态(以不同的颜色表示)、对比当前交通势态的渐变趋势，点击对应的 POI 点或相关路段 Link 时，弹出文字显示路网拥挤度与路段平均车流量的值
交通事故	在 GIS 地图上能直观地查看路网交通事故及各路段上报的交通事故信息。点击交通事故对应的 POI 点或相关路段 Link 时，选择性地弹出文字、图片、显示交通事故的信息。当有重大交通事故信息时，系统弹出路公司上报的现场情况视频，并发出报警声音
交通事件	在 GIS 地图上能直观地查看路网交通事件及各路段上报的交通事件信息。点击交通事件对应的 POI 点或相关路段 Link 时，选择性地弹出文字、图片、显示交通事件的信息

交通运行状态、势态信息显示颜色以交通运输部《公路网运行监测与服务暂行技术要求》为标准，如表 4-3 所示。

高速公路路段拥挤度等级划分标准　　表 4-3

拥　挤　度	设计速度(km/h)		
	120	100	80
	速度(km/h)	速度(km/h)	速度(km/h)
畅通	≥100	≥90	≥70
基本畅通	[80，100)	[70，90)	[60，70)
一般	[50，80)	[50，70)	[40，60)
拥挤	[30，50)	[30，50)	[20，40)
堵塞	[0，30)	[0，30)	[0，20)

交通事件信息显示颜色以交通运输部《公路网运行监测与服务暂行技术要求》为标准，如表 4-4 所示。

公路交通突发事件等级划分标准　　表 4-4

交通事件等级	级 别 描 述	颜 色 标 示
Ⅰ级	特别严重	红色
Ⅱ级	严重	橙色
Ⅲ级	较重	黄色
Ⅳ级	一般	蓝色

图 4-7 是交通运行状态显示的图例。按标准以不同的颜色显示交通运行状态的通畅程度。

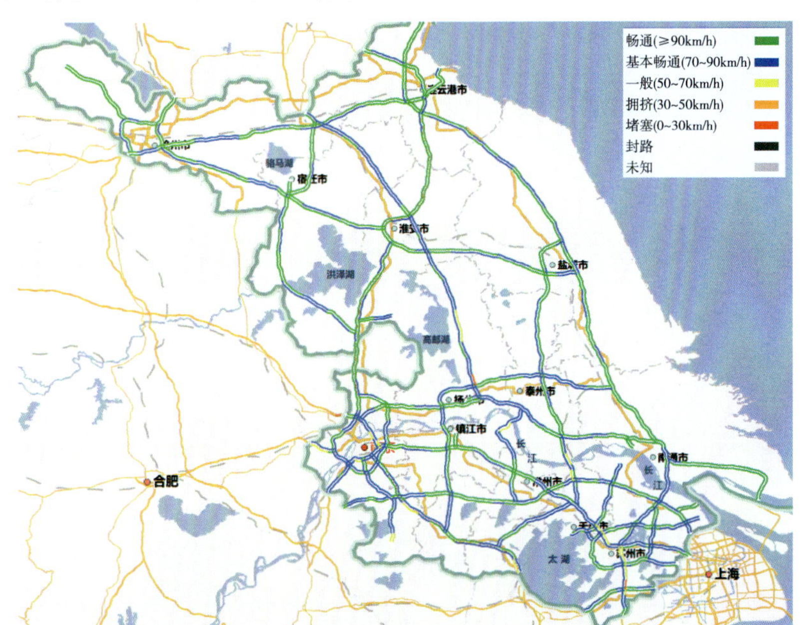

图 4-7　交通运行状态的 GIS 显示图例

3)指挥调度动态

指挥调度应急资源、响应状态、调度过程显示。根据公路应急事件的发展动态，结合历史经验，通过预案分析，评估公路应急事件对公路运行造成的影响，包括影响范围、影响程度并在 GIS 上进行动态标注。

显示的内容包括：交通管制、应急资源库、指挥调度信息设备、气象数据、突发事件动态、养护信息、GPS 车辆信息。图层的显示内容随着指挥调度的进展实时展现指挥调度的过程。

指挥调度动态显示支持鹰眼地图同步显示，通过鹰眼全图快速切换到路网局部大图。

图 4-8 是指挥调度动态显示的图例。按指挥调度的过程，将应急资源部署、应急处置状态信息实时地展示。当点击 POI 点或路道 Link 时，会弹出该应急资源的属性信息及状态信息。

图 4-8　指挥调度业务过程的 GIS 显示图例

4)综合信息显示

综合信息显示是在路网层面以路段、路段管理公司划分不同的统计口径，显示其历史数据的决策支持信息。决策支持的信息类别及功能设计见第五章。

图 4-9 是综合信息显示的图例。当点击路道 Link 或统计区域时，弹出该统计信息的数据值。

图 4-9　南北路网营运管理数据的 GIS 显示图例

5 决策支持系统

5.1 业务模型

决策支持系统是指挥调度平台的上层业务系统，主要面向领导层面，需对多源数据进行集中统计、分析、挖掘，生成直观的指挥调度业务的统计分析报表，为领导和业务人员提供重大节假日管制、免费放行管理、指挥调度业务统计、日常管理办法制定的决策支持服务。

通过对决策支持系统业务需求的剖析，统筹历史数据和实时数据，利用科学的分析技术和方法，对多源数据进行集中统计、分析、挖掘，生成直观的指挥调度和安全管理业务的统计分析报表。

按业务发展周期，将决策支持系统业务模型分为需求分析、数据综合处理、决策支持三个阶段，如图 5-1 所示。

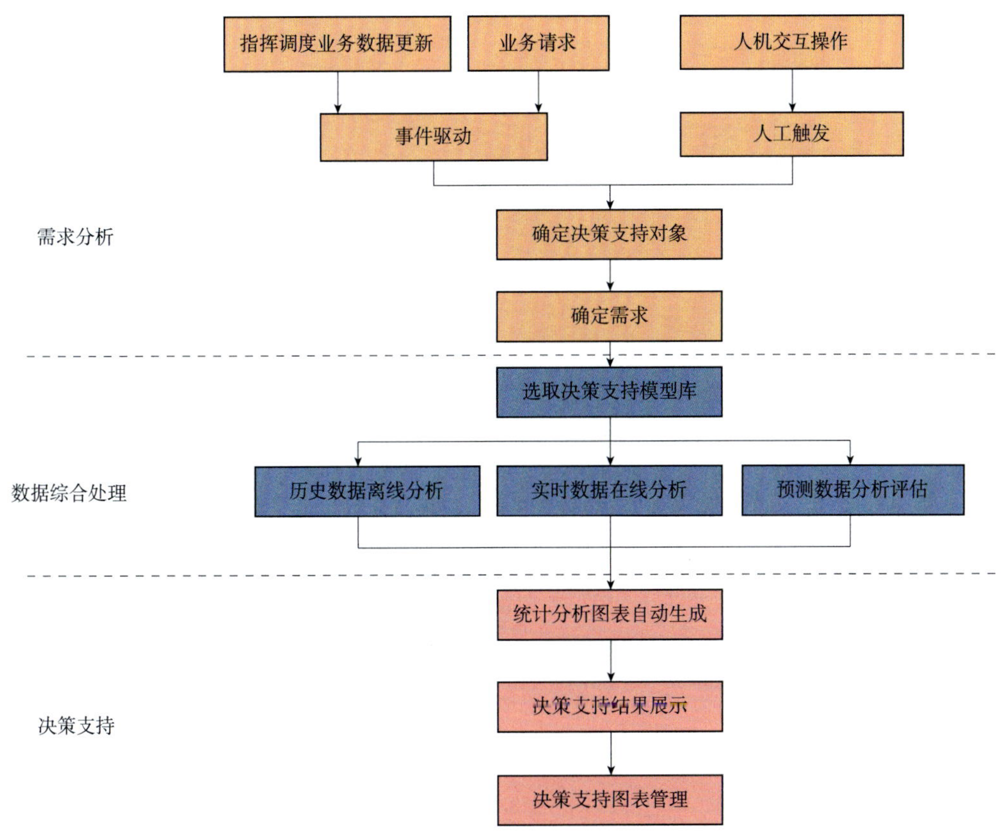

图 5-1　决策支持系统业务模型图

1）需求分析

通过对接入的事件驱动和人工触发两种方式的决策支持业务需求进行分析，明确决策支持业务的服务对象，确定相应的决策支持需求。

2）数据综合处理

当确定服务对象和需求之后，自动从决策模型库中选取相应的模型，通过构建不同业务需求的算法，对多源数据进行智能统计、分析、挖掘。

3）决策支持

综合处理多源数据后，自动生成相应的决策支持报表，反馈给决策支持对象，同时可以指导监控调度系统的工作，并通过信息综合展示系统进行展示。所有分析结果和报表均存档于云计算数据中心，为今后的决策支持业务提供参考。

5.2 系统架构

5.2.1 逻辑架构

决策支持系统逻辑架构如图5-2所示，按数据与应用的层次关系划分为四层，分别是数据支撑层、接口组件层、数据处理层和功能应用层，四者相互依赖、相辅相成。

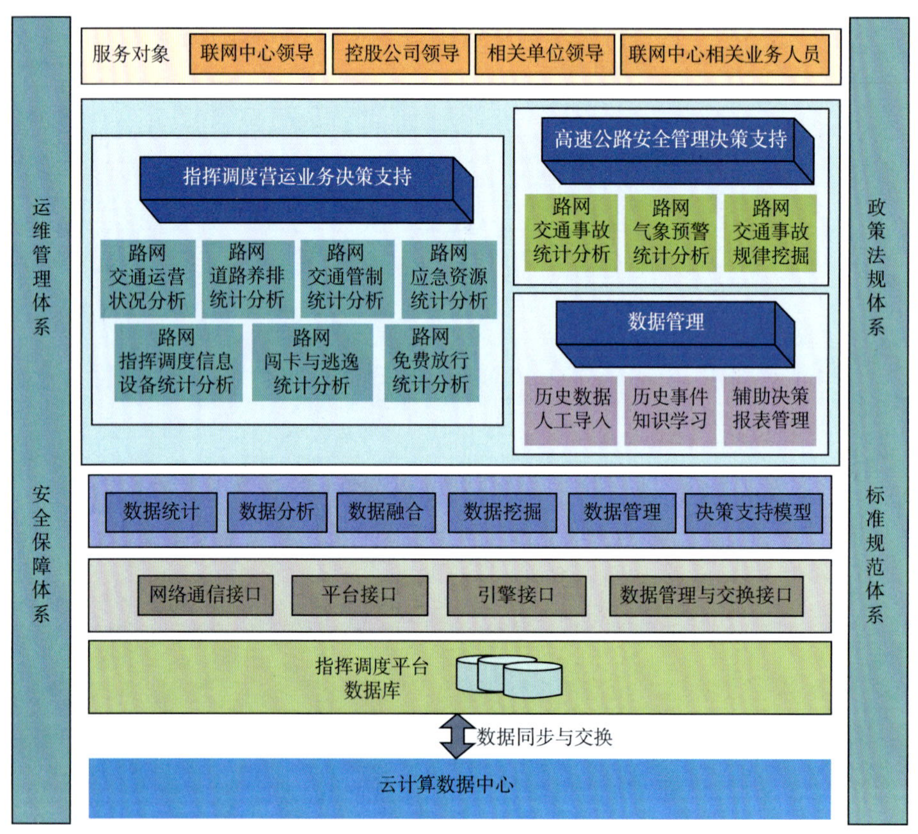

图5-2 决策支持系统逻辑架构图

决策支持系统逻辑架构的数据支撑层包括路网云计算数据中心与指挥调度平台应用数据库，以路网云计算数据中心的基础数据库、专题数据库、融合数据库为基础，按需抽取指挥调度平台应用数据，按标准的数据同步与交换接口实现二者数据同步与共享。

接口组件层提供数据与业务支撑的标准化接口。

数据处理层对数据进行统计、分析、融合、挖掘和管理，同时提供决策支持所需的模型。

决策支持系统的业务功能包括：指挥调度营运业务决策支持、高速公路安全管理决策支持和数据管理。功能应用主要面向领导层面，提供三大模块、十个统计分析子项、三个数据管理子类的辅助决策支持应用。

5.2.2 物理架构

决策支持系统物理架构如图5-3所示。系统通过指挥调度平台数据库，从云计算数据中心获取初始数据，存储于平台数据库并对数据进行预处理。

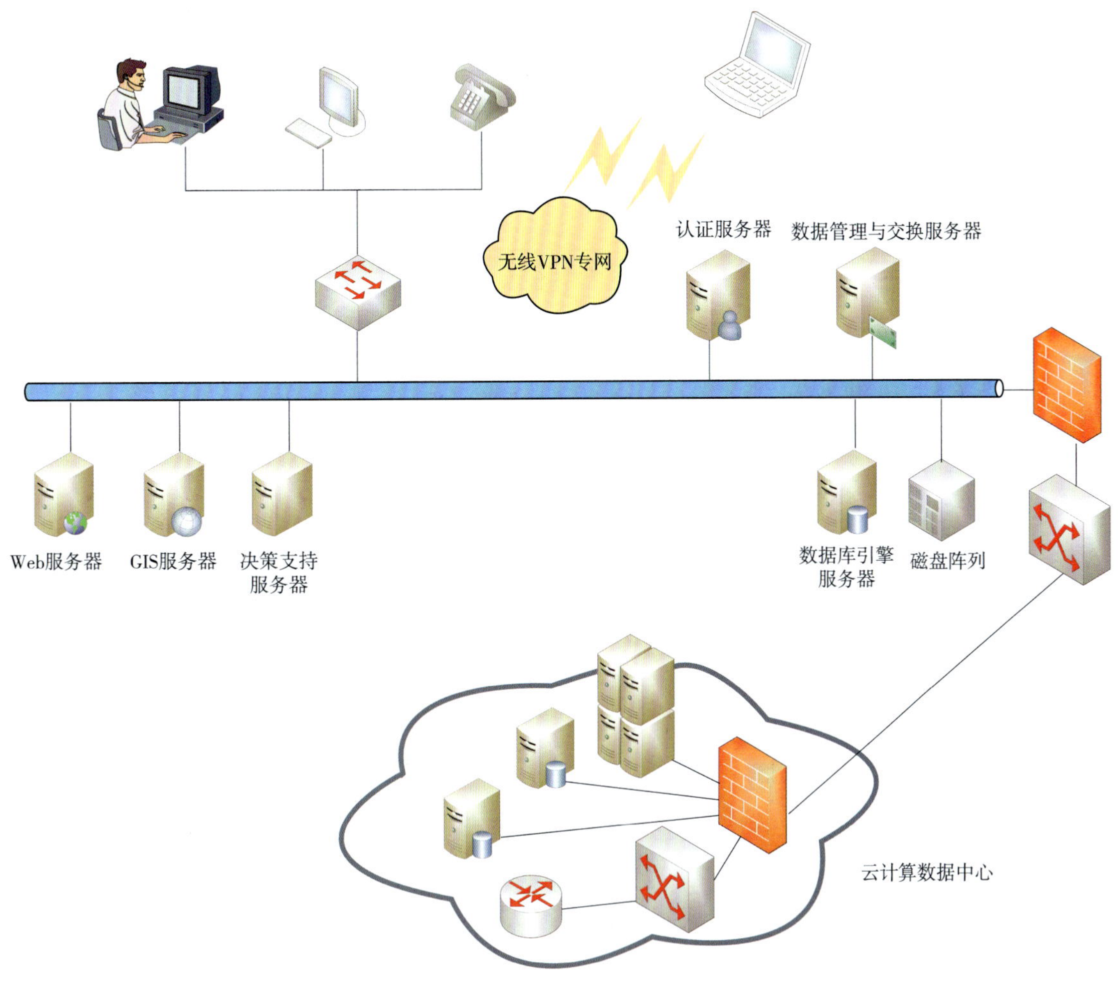

图 5-3　决策支持系统物理架构图

5.3　系 统 功 能

5.3.1　系统功能目标

决策支持系统作为指挥调度平台的上层业务系统，主要面向领导层面，提供指挥调度营运业务决策支持、高速公路安全管理决策支持和数据管理三大功能。指挥调度营运业务决策支持包括路网交通运营状况分析、路网道路养排统计分析、路网交通管制统计分析、路网应急资源统计分析、路网指挥调度信息设备统计分析、路网闯卡与逃逸统计分析、路网免费放行统计分析七类；高速公路安全管理决策支持包括路网交通事故统计分析、路网气象预警统计分析和路网交通事故规律挖掘三类；数据管理包括历史数据人工导入、历史事件知识学习和辅助决策报表管理三个子功能。决策支持系统通过以上三大模块、十个统计分析子项、三个数据管理子类的功能为领导和业务人员提供重大节假日管制、免费放行管理、指挥调度业务统计、日常管理办法制定等的决策支持服务。

通过定制统计规则与流程，实现各类数据的融合，从而保证数据处理结果的正确性。系统以整合处理后的数据为基础，依据各子系统人工决策对数据的要求，生成多样化详细的交通信息报表，为人工审核并选择交通管制策略提供支持。决策支持系统功能结构如图 5-4 所示。

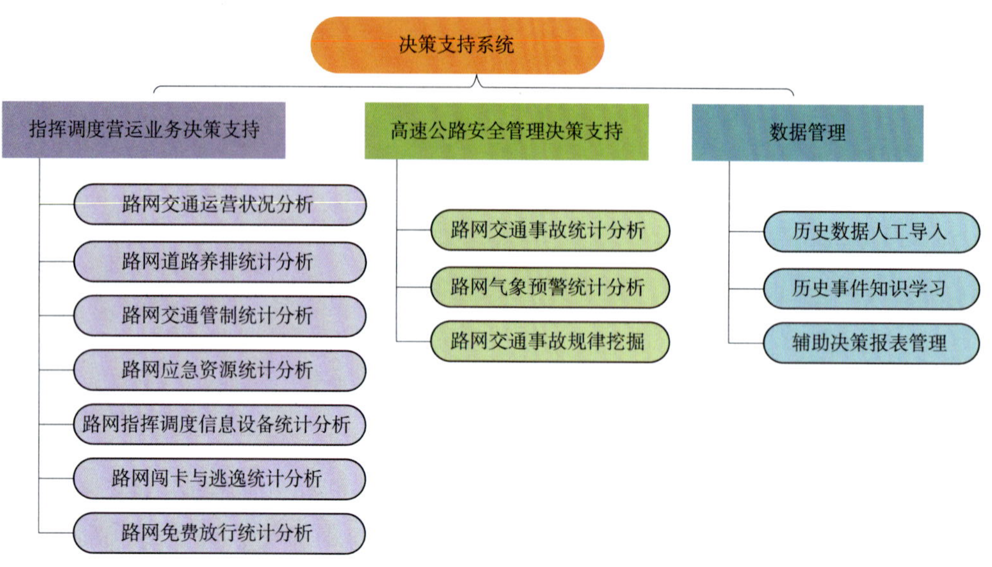

图 5-4　决策支持系统功能结构图

5.3.2　系统功能模块

1）指挥调度营运业务决策支持

（1）交通运营状况分析

①高速公路运行特征分析。

• 对各条高速公路的日、周、月、任意指定周期均流量进行统计分析，包括进行同比、环比分析。

• 对高速公路流量分布的时间变化趋势进行分析，找出峰值变化趋势，并进行同比、环比分析。

• 对流量及运行速度做出分析预测。系统能根据不同断面、路段，以及路网在不同时间段内的平均流量、平均运行速度等历史信息，对当前的流量及运行速度做出分析预测。

• 对路网运行数据进行综合分析，对断面交通流量、车型、平均速度等数据进行分类，形成相应的报表文件和图表，包括：按历史同期数据的对比、统计；按路网状态变化的对比、统计；公路网状态列表等。

②路网运行情况分析与报告。

系统能结合断面流量、收费站出入口流量、车辆类型、收费数据等数据形成交通运行报告。对于高速公路的拥挤度进行分析，包括按照南网、北网趋势对比，各条高速公路的拥挤度的同比、环比分析，生成高速公路运行状况报告。

③路网交通流量分析。

利用采集交换来的数据，经过数据挖掘、模型处理后，实现行业监管，具体包括：

• 高速公路断面交通流量查看，并进行同比、环比分析。

• 高速公路收费站入口交通流量查看，并进行同比、环比分析。

• 高速公路车型结构占用比例查看，并进行同比、环比分析。

• 高速公路平均速度查看，并进行同比、环比分析。

• 交调站点交通量统计分析功能，实现选定站点和时间段的月平均日交通量、周平均日交通量、任意指定周期的平均日交通量、小时累计交通量、按照任意指定周期小时交通量从高到低、从第一到第五十位小时的累计交通量的统计列表。

上述流量分析可以生成报表及对应的图表（柱状图、折线图、饼图等）。

通过“高速公路路网运行状态识别与分析模型”计算出相应的路段拥挤度，并在 GIS 地图上以不同颜色及线条粗细进行标注，具体为畅通（绿色）、基本畅通（蓝色）、轻度拥堵（黄色）、中度拥堵（橙色）和严重拥堵（红色）。

功能示例：（每项功能示例中只展示一张图表，下同）

以统计 2011 年 12 月份全路网日均出口流量为例，以一定格式自动生成以下图表和分析内容，如图 5-5 所示。

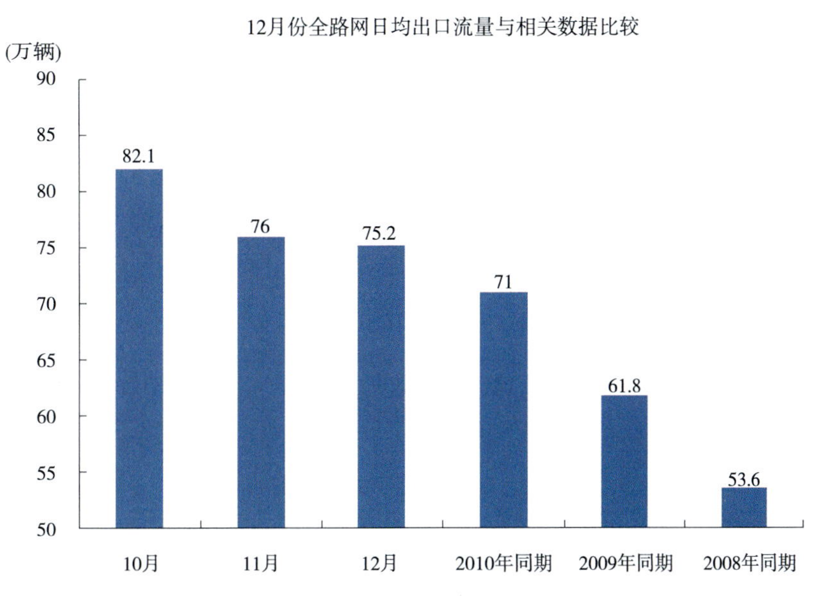

图 5-5　2011 年 12 月份全路网日均出口流量统计示例

12 月份全路网日均出口流量约为 75. 2 万辆，较上月日均出口流量 76 万辆相比下降 1. 0%，较去年同期日均出口流量 71 万辆增长 6. 0%。12 月份全路网日均出口流量中，北网日均出口流量约为 25. 8 万辆，较上月增长 1. 4%，较去年同期增长 7. 4%；南网日均出口流量约为 49. 4 万辆，较上月下降 2. 3%，较去年同期增长 5. 3%。

（2）道路养排统计分析

提供养排区域（路段、桩号）、时间、类型等的查询，清排障作业次数、原因、到达现场的时间、指定时间到达率、平均疏通时间、疏通率等的统计。系统可自动生成各高速公路月度、季度、年度或者任意指定周期内的道路养护和排障统计分析报告，并进行同比、环比分析。

功能示例：

以统计 2012 年 10 月份清障救援情况为例，以一定格式自动生成以下图表和分析内容，如图 5-6 所示。

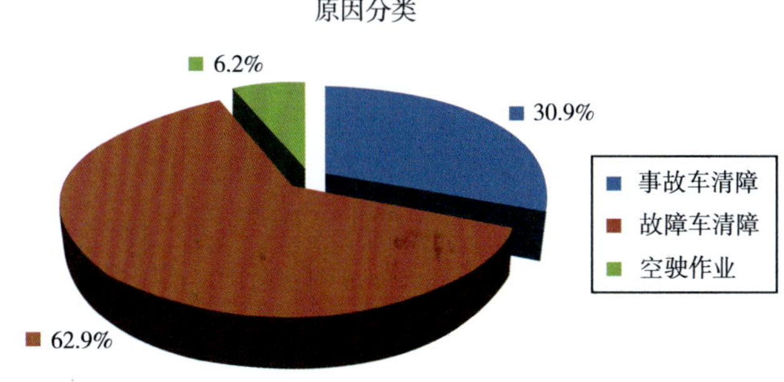

图 5-6　2012 年 10 月份路网清障救援统计示例

10 月份全省高速公路清排障部门实施清排障作业累计 7 431 起，其中事故车清障 2 297 起，占作业总数的 30. 9%；故障车清障 4 673 起，占作业总数的 62. 9%；空驶作业 461 起，占作业总数的 6. 2%。出动各类清排障车辆以及专用设备 7 524次，其中出动背驮清障车 3 214 次、轻型清障车 2 093 次、中型清障车 353 次、重型清障车 1 721次，出动 25t 吊车 50 次、32t 吊车 24 次、50t 吊车 53 次、100t 吊车 6 次、150t 吊车 2 次、25t 平板车 7 次、50t 平板车 1 次。各类清排障车辆以及专用设备平均完好率为 98. 6%。

10 月份全省高速公路清排障车辆平均到达施救现场时间为 19. 28min，其中 30min 内到达率为 92. 14%，40min 内到达率为 97. 76%。施救现场平均疏通时间为 39. 15min，其中 1h 疏通率为 90. 07%，

2h 疏通率为 98.02%。

(3)交通管制统计分析

日度、月度、季度、年度或者任意指定周期内的交通管制统计报告，提供交通管制地点、影响范围、管制时间、管制原因等的查询。系统按各条高速公路、南北网、全网生成交通管制统计分析报告，并进行同比、环比分析。

功能示例：

以统计 2012 年 10 月份全路网高速公路封闭管制时间为例，以一定格式自动生成以下图表和分析内容，见表 5-1。

2012 年 10 月份全路网高速公路封闭管制时间统计示例 表 5-1

10 月份全路网高速公路封闭管制时间分类(单位：h)					
	恶劣天气	施工作业	交通事故	警卫任务	其他原因
北网	199.93	408	5.02	0	0
南网	55.15	0	5.73	3.99	0
合计	255.08	408	10.75	3.99	0
上月	10.82	0	2.62	2.5	1.08
去年同期	250.94	48	8.02	1.42	0

恶劣天气管制较上月增长 244.26h，较去年同期增长 4.14h；交通事故管制较上月增长 8.13h，较去年同期增长 2.73h。

(4)应急资源统计分析

系统提供对应急资源的种类、储量、所在位置、更新时间等的查询，自动生成列表，对应急资源使用情况进行统计分析，对应急资源的合理配置提供建议，生成报表。

应急资源包括清排障辅助车、清障车、吊车、平板车、除雪设备、人员和物资。

功能示例：

以统计 2010 年 11 月份高管中心应对雨雪冰冻天气的储备资源为例，以一定格式自动生成以下图表和分析内容，见表 5-2。

2010 年 11 月份高管中心应对雨雪冰冻天气的储备资源示例 表 5-2

除雪设备、人员、物资情况统计表									
单位	自有设备				可借用设备		可用人员	可用物资	
	名称	数量	状态	备注	名称	数量	人数	名称	数量
高管中心	铲雪车	17 台	正常		装载机	25 台	1 915	融雪剂	305 吨
	装载机	3 台	正常		平地机	7 台		铁锹	450 把
	工具车	28 台	正常		铲雪车	1 台		扫把	440 把
	推雪板	50 个	正常		挖掘机	4 台		羊镐	30 把
	洒水车	2 台	正常		除雪器	2 个		瓜子片	800 吨
	除雪器	2 个	正常		工具车	11 台		盐	40 吨
	滑移机	1 台	正常		铲车	3 台		米砂	220 吨
	小挖掘机	1 台	正常		洒水车	2 台		防滑材料	200 吨
	盐砂撒布车	1 台	正常					混凝土	153 吨

(5)指挥调度信息设备统计分析

指挥调度信息设备包括视频监控系统、可变情报板、GPS 车辆定位系统三大类。

①视频监控系统。

按照各路桥公司分类，对全省高速公路的视频监控设备进行统计，提供设备运行状态、数量、图像种类、服役时间、故障次数及原因的查询服务，生成统计分析报告，总结设备的故障原因。

②可变情报板。

按照各路桥公司分类，统计全省高速公路可变情报板设备的种类和数量，提供情报板运行状态的查询服务。

③GPS 车辆定位系统。

按照各路桥公司分类，对全省高速公路的 GPS 车辆进行统计，提供车辆运行情况、服役时间、故障次数及原因的查询服务，生成统计分析报告。

功能示例：

以统计 2012 年 10 月份全路网指挥调度信息设备运行情况为例，以一定格式自动生成以下图表和分析内容，如图 5-7 所示。

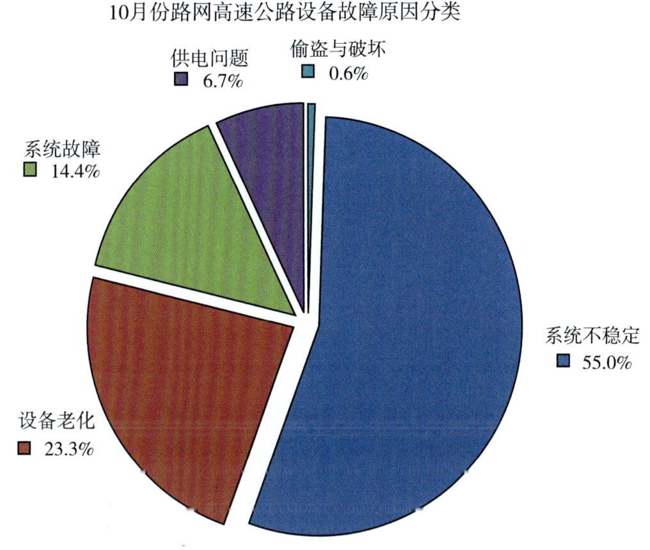

图 5-7　2012 年 10 月份全路网指挥调度信息设备运行情况统计示例

10 月份全路网高速公路发生可变情报板、视频监控系统、GPS 车辆定位系统故障共计 313 起，当月排除故障 276 起。

经统计，故障因系统不稳定造成的占 55.0%；因设备老化造成的占 23.3%；因系统故障的占 14.4%；因供电问题的占 6.7%；因偷盗与破坏引起的占 0.6%。

(6)闯卡与逃逸统计分析

对闯卡与逃逸车辆进行记录，包括车辆类型、车牌号、闯卡与逃逸方向等。提供各收费站、各条高速公路的日度、月度、季度、年度以及任意周期内的车辆闯卡与逃逸数量的统计功能，并可按数量从高到低进行排列。统计不同车辆类型的比重，生成相应的报表。为防止车辆的闯卡与逃逸提供建议。

功能示例：

以统计 2012 年 10 月份全路网高速公路闯卡逃费情况为例，以一定格式自动生成以下图表和分析内容，见表 5-3。

2012 年 10 月份全路网高速公路闯卡逃费情况统计示例　　表 5-3

10 月份高速公路车辆闯卡数量排名前 5 位的单位(单位：辆)					
高速公路名称	按收费站划分		按车型划分		总　计
	主线站	匝道站	客车	货车	
沪宁	9	144	121	32	306
苏州绕城	0	118	24	94	236
南京绕越	0	98	15	83	196
南京三桥	77	0	37	40	154
苏嘉杭	11	27	36	2	76
全路网总计	97	387	233	251	968

10 月份接报全路网高速公路闯卡逃费事件 622 起。按收费站类别划分匝道收费站 504 起，主线收费站 118 起；按车型划分客车 348 起(其中客一车型 328 起，客二及以上车型 20 起)；货车 274 起(其中货一车型 5 起，货二车型 5 起，货三车型 6 起，货四以上车型 258 起)。

本月车辆闯卡较上月 556 起相比增加 66 起，其中主线站较上月增加 47 起，匝道站较上月增加 19 起。本月货车闯卡数量较上月增加 1 起，主要集中在沪宁、苏州绕城、南京绕越、南京三桥高速。

(7)免费放行统计分析

系统提供免费放行收费站、方向、原因、持续时间、放行车辆类型占比等的查询服务，对各收费站和路桥公司的月度、季度、年度以及任意周期内的免费放行事件进行统计分析，特别关注频繁免费放行的收费站，生成统计分析报告，并进行同比、环比分析。

功能示例：

以统计 2009 年 10 月份全路网高速公路免费放行情况为例，以一定格式自动生成以下图表和分析内容，见表 5-4。

2009 年 10 月份全路网高速公路免费放行情况统计示例　　表 5-4

10 月份全路网高速公路拥堵免费放行情况统计					
	地点	客车(辆)	货车(辆)	合计(辆)	放行原因
宁沪高速	镇江站	40	27	67	10 月 26 日常州段事故，分流时流量大，拥堵达到 200m
宁连北段	灌南站	271	53	324	10 月 30 日因大雾，分流时流量大，拥堵达 200m

10 月份全路网高速公路共发生拥堵免费放行事件 2 起，分别为 10 月 26 日宁沪高速镇江收费站和 10 月 30 日宁连高速北段灌南收费站，免费放行车辆共计 391 辆，其中客车 311 辆，货车 80 辆。

2)高速公路安全管理决策支持

(1)交通事故统计分析

对各高速公路的交通事故进行日度、周度、月度、季度、年度以及任意指定周期内的数量统计，并进行同比、环比分析，提供各交通事故发生地点、时间、天气状况、事故原因、事故影响、损失情况等的查询服务，生成相应的统计分析报表。

功能示例：

以统计 2012 年 10 月份全省高速公路死亡事故与死亡人数情况为例，以一定格式自动生成以下图表和分析内容，如图 5-8 所示。

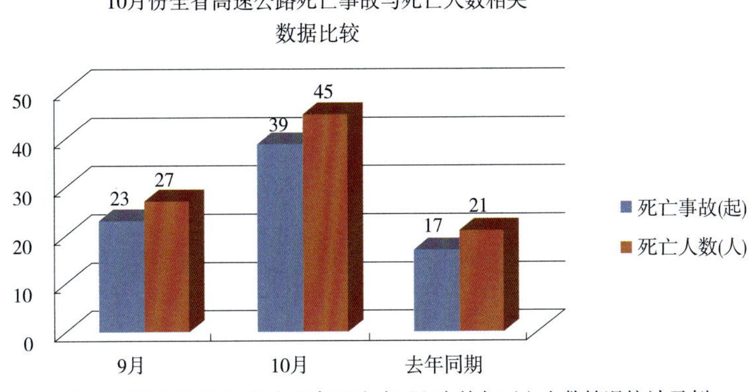

图 5-8　2012 年 10 月份全省高速公路死亡事故与死亡人数情况统计示例

10 月份全省高速公路共发生上报死亡事故 39 起，死亡 45 人，较上月相比事故起数增加 16 起，死亡人数增加 18 人，与去年事故次数相比增加 22 起，死亡人数增加 24 人。在本月死亡事故中，追尾事故 16 起，死亡 18 人，其中多车追尾事故 3 起，死亡 3 人；撞护栏事故 9 起，死亡 13 人；撞行人事故 4 起，死亡 4 人；撞静止车事故 6 起，死亡 6 人；撞护栏后相撞事故 2 起，死亡 2 人；其他事故(爆胎、货物挤压)2 起，死亡 2 人。

(2)气象预警统计分析

提供全省高速公路气象灾害的类型、影响范围、影响时间、造成损失情况等的查询服务，标记频发灾害类型、区域和时间，生成相应的报表，有针对性地制定气象灾害预防措施。

功能示例：

以统计历年 10 月份全省高速公路雾天数量与路段管制时间为例，以一定格式自动生成以下图表和分析内容，如图 5-9 所示。

图 5-9　历年 10 月份全省高速公路雾天数量与路段管制时间统计示例

(3)交通事故规律挖掘

①统计特定区域的交通事故数量，并进行同比、环比分析。

②标注出事故易发地点、类型和原因。

③分析与时间、地点、车型等之间的关系。

④生成分析报告。

功能示例：

以统计 2010 年某高速某段白天和夜间死亡事故为例，以一定格式自动生成以下图表和分析内容，如图 5-10 所示。

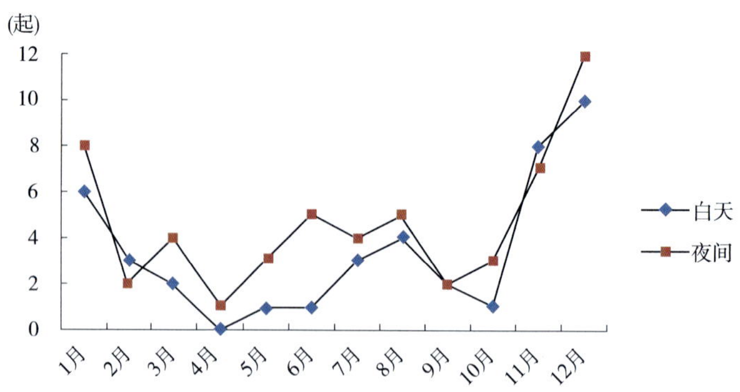

图 5-10　2010 年某高速某段白天和夜间死亡事故统计示例

3)数据管理

(1)历史数据人工导入

将决策支持系统功能需求的所有历史数据通过人工导入，建立决策支持系统数据资源池。

(2)历史事件知识学习

业务人员需定期将对典型事件的总结以一定格式录入决策支持系统，包括案例特点、主要应对措施以及完善之处。系统通过对典型事件的不断学习，提供以下功能：

输入事件特征，系统会自动检索资源库所有历史事件，提供事件解决措施供业务人员参考，并显示类似历史事件的处理措施和效果。

(3)辅助决策报表管理

统一备份周期性自动生成的决策支持图表、报告，以备查阅。

6 交通事件管理系统

交通事件管理系统作为事件感知、分析的一种手段，主动侦测应急指挥需求，极大地缩短应急调度指挥中的前期事件确认时间，有效提高发现交通事件、交通事故等交通异常情况的实时性。系统综合交通运行情况、交通环境情况对交通事件进行评估、初步处理；在人工的干预下，与指挥调度系统协同联动，进行自动应急预案处置。

6.1 业务模型

交通事件管理系统业务模型如图6-1所示。交通事件管理系统接入各类可能引发交通阻断的交通事件信息，这些数据由路桥公司上传，通过云计算数据中心自动推送到指挥调度中心，进行事件处理。

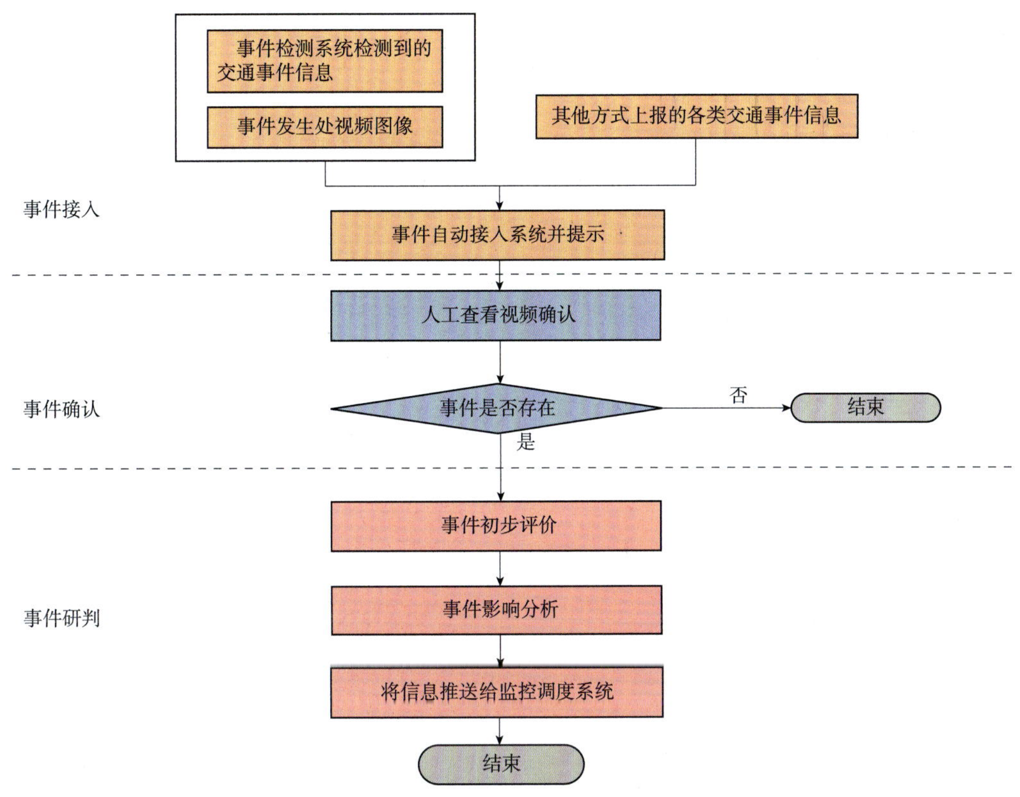

图6-1　交通事件管理系统业务模型图

按照业务发展周期，将交通事件管理系统的业务模型分为事件接入、事件确认和事件研判三个阶段。

6.1.1 事件接入

交通事件管理系统接入的事件主要分为两大类：一是路桥公司事件检测系统检测到的交通事件信息，二是其他各种方式上报的交通事件信息。

交通事件自动接入的同时，系统会向值班业务人员发出提示。

6.1.2 事件确认

当联网中心调度指挥中心值班业务人员得到交通事件信息的自动显示提示后，工作人员及时查看视频监控图像，对上报的交通事件进行人工确认是否存在。

6.1.3 事件研判

当交通事件确认以后，在人工的干预下对交通事件进行研究、判断、分析，初步评价交通事件，分析事件的影响，将交通事件信息、事件研判信息以及相应的视频图像推送给监控调度系统进行联动。

6.2 系统架构

6.2.1 逻辑架构

交通事件管理系统的系统架构以云计算数据中心为基础，通过指挥调度平台数据库与云计算数据中心进行数据的同步与交换，如图6-2所示。

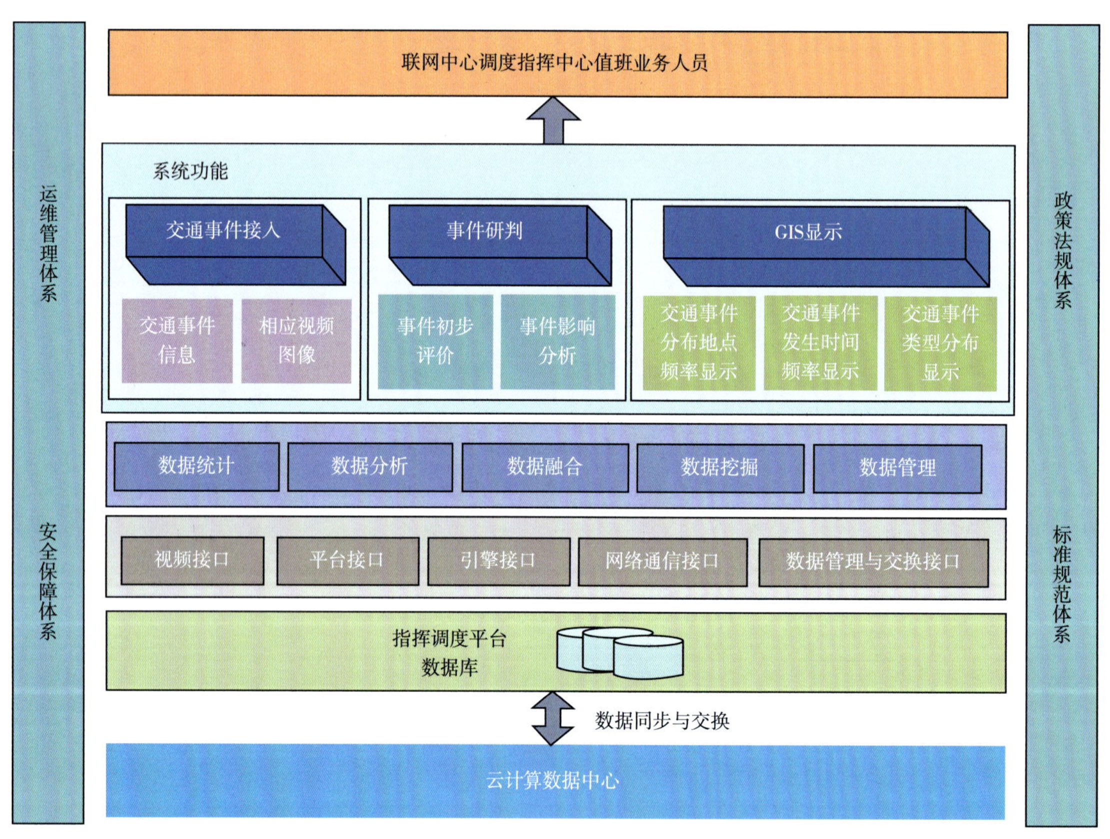

图6-2 交通事件管理系统逻辑架构图

交通事件管理系统建设多类接口，保障系统的交互。通过对数据的综合处理，实现交通事件管理系统以下三大功能：交通事件自动接入、交通事件研判、交通事件智能化GIS分析显示。

6.2.2 物理架构

交通事件管理系统物理架构如图6-3所示。系统以路公司外场交通流设备、交调站、监控视频为基础，以路段数据中心与平台设计、路段数据中心与指挥调度数据库为数据传输通道，提供事件管理的信息交换链路。

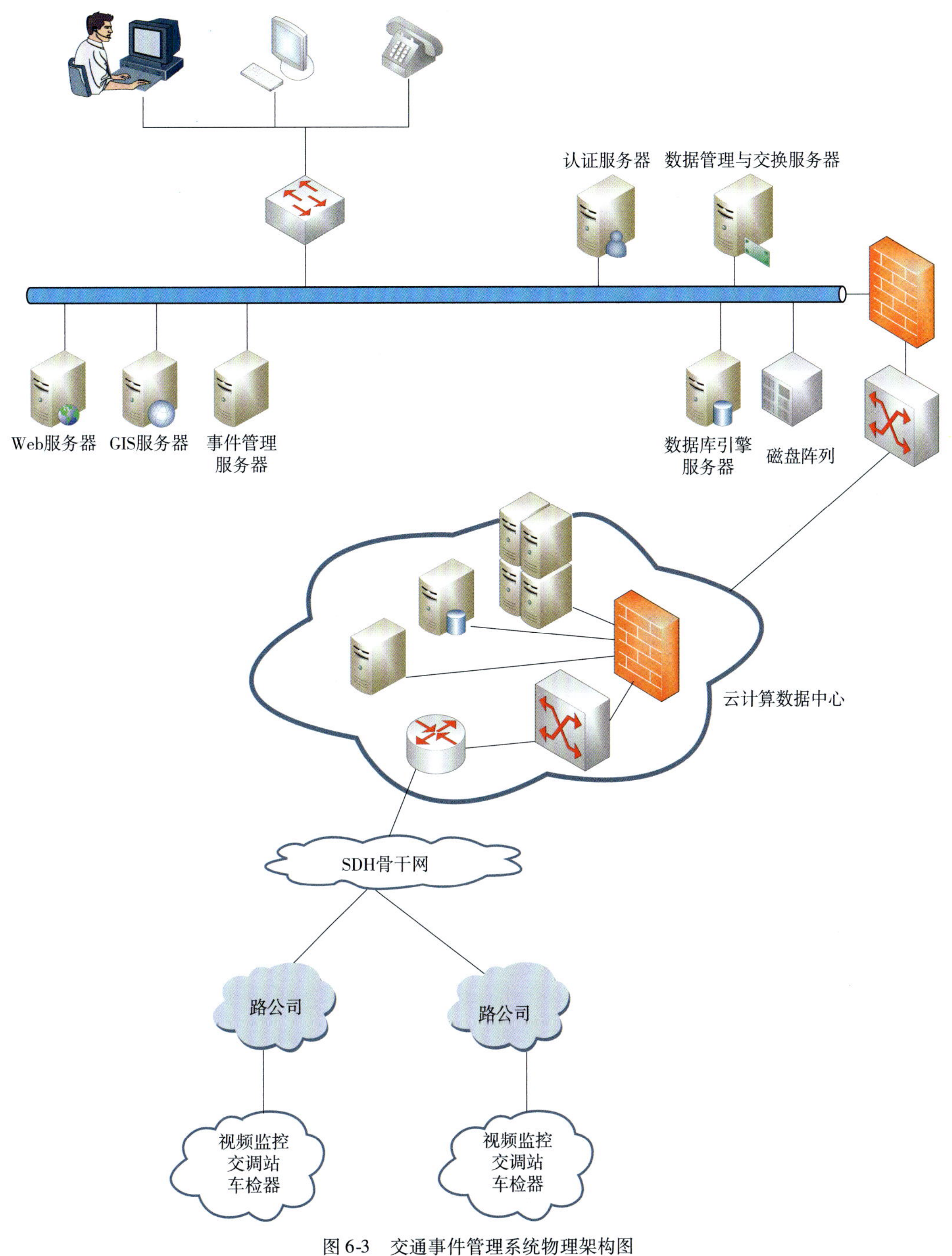

图 6-3 交通事件管理系统物理架构图

6.3 系 统 功 能

6.3.1 系统功能目标

通过交通事件管理系统，调度指挥中心可以在第一时间确认事件、第一时间处理事件，以此提高交通事件的处理效率。当事件确认以后，系统能综合交通运行情况、交通环境情况对交通事件进行评估、分析；在人工的干预下，能与监控调度系统进行业务协同，由监控调度系统对交通事件进行应急处置。

交通事件管理系统通过对历史数据和实时数据的记录，可以在 GIS 地图上形象直观地显示各类交通事件发生的频率、分布的地点、分布的时间，为调度指挥中心业务人员制定管制策略提供直观明了的数据支撑。

6.3.2 系统功能模块

1)关于交通事件管理系统，首先做出以下两点说明：

(1)根据《视频交通事件检测器》(GB/T 28789—2012)，定义路桥公司事件检测系统需检测并上报以下事件(第六章节内以下简称"说明一")。

①停车事件：车辆在道路上由运动到静止，且静止时间超过设定值。

②逆行事件：车辆在道路上行驶方向与规定方向相反，且行驶距离超过设定值。

③行人事件：行人进入机动车道或禁止行人的区域内，且进入时间超过设定值。

④抛撒物事件：车道上有车辆或行人遗落物体，干扰车辆通行，且进入时间超过设定值。

⑤烟雾事件：隧道或道路上出现烟雾，造成路面能见度严重下降，能见度小于 50m。

⑥拥堵事件：车辆占有率超过设定值，并且该状态持续时间超过设定的时间值。

(2)根据《道路交通信息服务　交通事件分类与编码》(GB/T 29100—2012)、《江苏省高速公路调度指挥中心管理细则》，现将需交通事件管理系统推送报警至监控调度系统的"交通事件"定义如下：(第六章节内以下简称"说明二")

①由于公路养护施工、重大社会活动等计划性事件或自然灾害、事故灾难、公共卫生事件、社会安全事件等突发性公共事件引起的，预计将出现超过 1h 的交通中断或阻塞。

②虽未引起长时间交通中断或阻塞，但出现重大人员伤亡或社会影响恶劣的公路交通事件。该类事件分为：

■重大事故：指一次死亡 3 人以下(含 3 人)的事故；或一次重伤 3 至 10 人的事故；或一次受伤 10 至 20 人的事故；或危化品事故；或 10 至 15 辆车连环追尾以及其他可能造成较大影响的事故。

■特大事故：指一次死亡 3 人以上；或一次重伤 10 人以上；或一次受伤 20 人以上；或者死亡 1 人，同时重伤 8 人以上；或者死亡 2 人，同时重伤 5 人以上；或危险品泄漏事故；或 15 辆以上车辆追尾以及其他可能造成重大影响的事故。

③特殊警卫封路：指因有特殊警卫任务在区间内需要封路 30min 以上的情况。

2)系统功能结构

交通事件管理系统功能设计如图 6-4 所示。

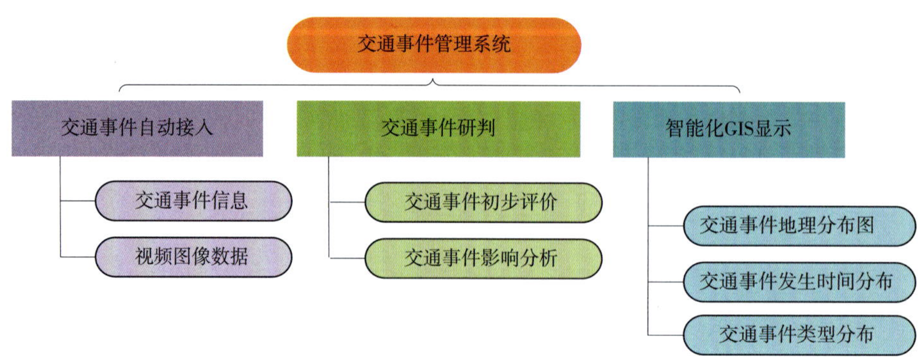

图 6-4　交通事件管理系统功能设计图

(1)交通事件自动接入模块

①路桥公司事件检测系统事件接入。

部署于路桥公司的基于视频的事件检测系统，检测到定义的六类交通事件后，将事件信息以及事件发生处的视频图像以固定的格式推送给路网中心调度指挥中心，工作人员的电脑界面会自动弹出提示对话框，并有声音提醒，点击即能读取事件信息和相应的视频图像，对事件进行确认。

②其他各种方式上报的交通事件接入。

通过联网中心现有上报系统和其他方式上报的交通事件，通过构建算法转换成与①相同格式的事件信息，接入交通事件管理系统。工作人员的电脑界面会自动弹出提示对话框，并有声音提醒，点击即能读取事件信息，通过与视频监控系统的对接，调取相应视频图像查看，确认事件是否存在。

(2)交通事件研判模块

当交通事件得到确认后，在人工的辅助下对其进行研判。

①交通事件初步评价。

构建交通事件多因素评价模型，结合事件发生时间、地点、天气状况，由系统自动对交通事件做出“Ⅰ级特别严重”、“Ⅱ级严重”、“Ⅲ级较重”、“Ⅳ级一般”四种等级的评价(参看中华人民共和国交通运输部《公路网运行监测与服务暂行技术要求》)，当多起交通事件同时发生时，优先处理级别高的交通事件。

②交通事件影响分析。

构建交通事件影响分析模型，分析可能产生的影响和影响的范围。

可能产生的影响包括：是否会进行封闭管制，封闭管制的时间(＜30min，30～120min，＞120min)。

影响的范围是指：封闭管制的区域。

交通事件研判完成后，将交通事件信息、相应的视频图像以及研判结果推送给监控调度系统，由监控调度系统进行应急处置。

(3)智能化GIS显示

交通事件信息以固定格式上报，通过自动统计分析，在GIS地图上智能显示。地图展现以下几个图层

①交通事件地理分布图。

以一个黑点代表“说明二”定义的一起交通事件，将所有交通事件按其发生的地理位置(桩号)叠加显示在全省高速公路GIS地图上，通过黑点的深浅和密集程度直观反映交通事故的地理分布情况。

②交通事件发生时间分布。

以00时—04时、04时—08时、08时—12时、12时—16时、16时—20时、20时—24时划分六个时间段，统计相应时间段发生的交通事件数量。以柱形图的形式表现。该图可叠加显示在①界面的空余部分。

③交通事件类型分布。

按交通事故、气象影响、交通阻塞、施工作业四种类型统计交通事件的数量，以柱形图表现数量和饼图表现占比的两种形式表现。该图可叠加显示在①界面的空余部分。

7 气象服务系统

7.1 业 务 模 型

高速公路气象服务系统从业务上可分为数据接入、气象业务分析和气象信息发布三大块。高速公路气象服务系统的业务模型如图 7-1 所示。

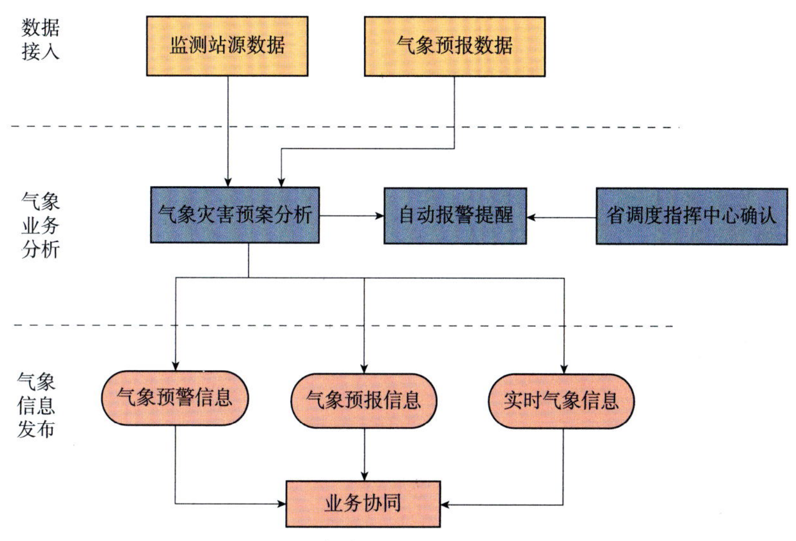

图 7-1　气象服务系统业务模型图

7.1.1　数据接入

接入的数据包括两大类：监测站源数据和气象预报数据，气象预报数据是指通过气象专业软件系统，分析气象源数据得到的数据。

气象服务业务数据库实时获取云计算数据中心基础数据和气象数据，并为气象服务系统提供实时数据服务。

7.1.2　气象业务分析

气象业务分析包括气象灾害预案分析、自动报警提醒；气象灾害预案分析包括降雪预案分析、强降雨预案分析、强风预案分析、低能见度预案分析、高温预案分析、路面冻结预案分析等；当将有气象灾害时，系统自动发出警报声，弹出预警信息，并经省调度指挥中心工作人员确认。

7.1.3　气象信息发布

系统最后产生实时气象信息、气象预报信息和气象预警信息。气象预警信息包括天气影响路段、持续时间，并提供有可能引发重大事件预防措施，应对措施信息包括灾害处理流程、应急资源信息、相关负责单位以及联系方式。

7.2 系 统 架 构

7.2.1　逻辑架构

高速公路气象服务系统的逻辑架构如图 7-2 所示。

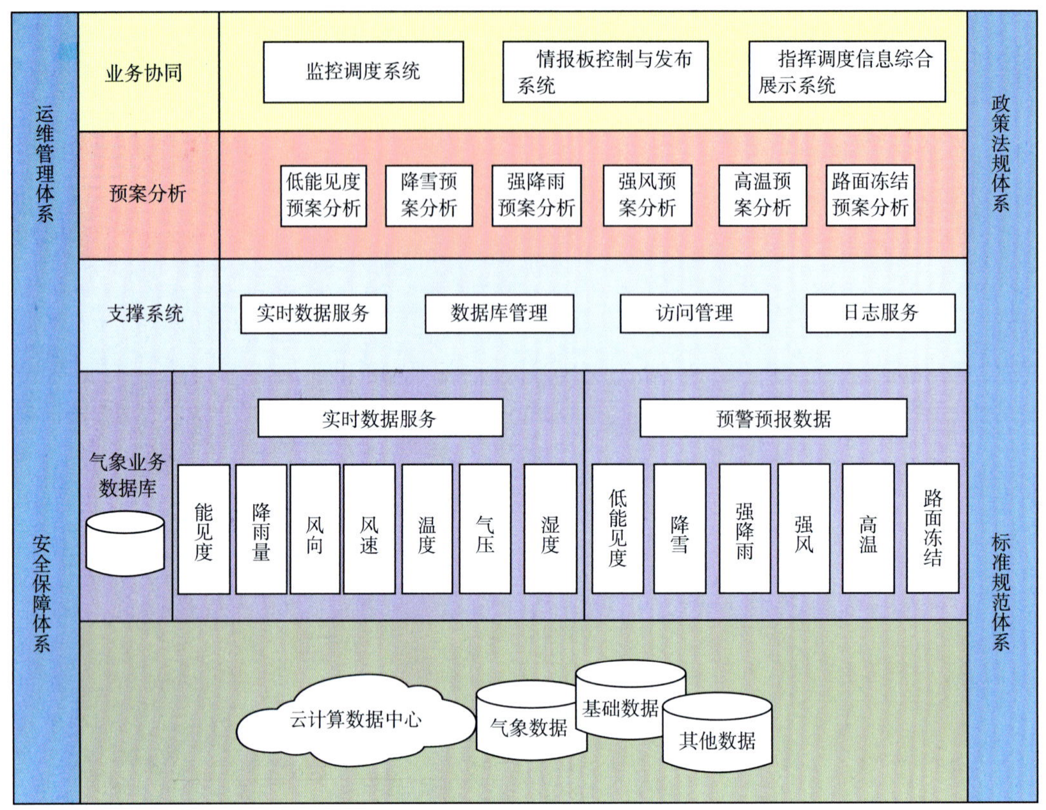

图 7-2　气象服务系统逻辑架构图

1）气象业务数据库

建立气象业务数据库，抽取融合云计算数据中心的基础数据、气象数据，直接为气象业务系统提供数据支撑，存储气象业务系统产生的数据，并将系统产生数据同步到云计算数据中心，供其他系统调用。

2）支撑系统

支撑系统包括实时数据服务、数据库管理、访问管理和日志服务；数据库管理的主要内容有：数据库的调优、数据库的重组、数据库的重构、数据库的安全管控、报错问题的分析、汇总和处理、数据库数据的日常备份。

3）预案分析

结合高速公路管理机构长期以来预防及减轻公路气象灾害所获实际经验及有关对策建立预案分析模型，融合气象预报数据，系统自动分析出气象灾害预警信息。

4）业务协同

气象服务系统产生的实时气象信息、气象预报信息和气象预警信息，为指挥调度平台的其他子系统提供数据支撑，包括情报板控制与发布系统、监控调度系统和指挥调度信息综合展示系统等。

7.2.2　物理架构

气象服务系统物理架构如图 7-3 所示，气象监测站包括气象数据采集和数据发送装置、数据经 GPRS/CDMA、Internet 传送到气象局，气象局提供源数据的分析处理，气象服务系统在气象局数据的基础上进行应用，通过交通专网气象相关数据传送到路公司，实现气象数据的共享。

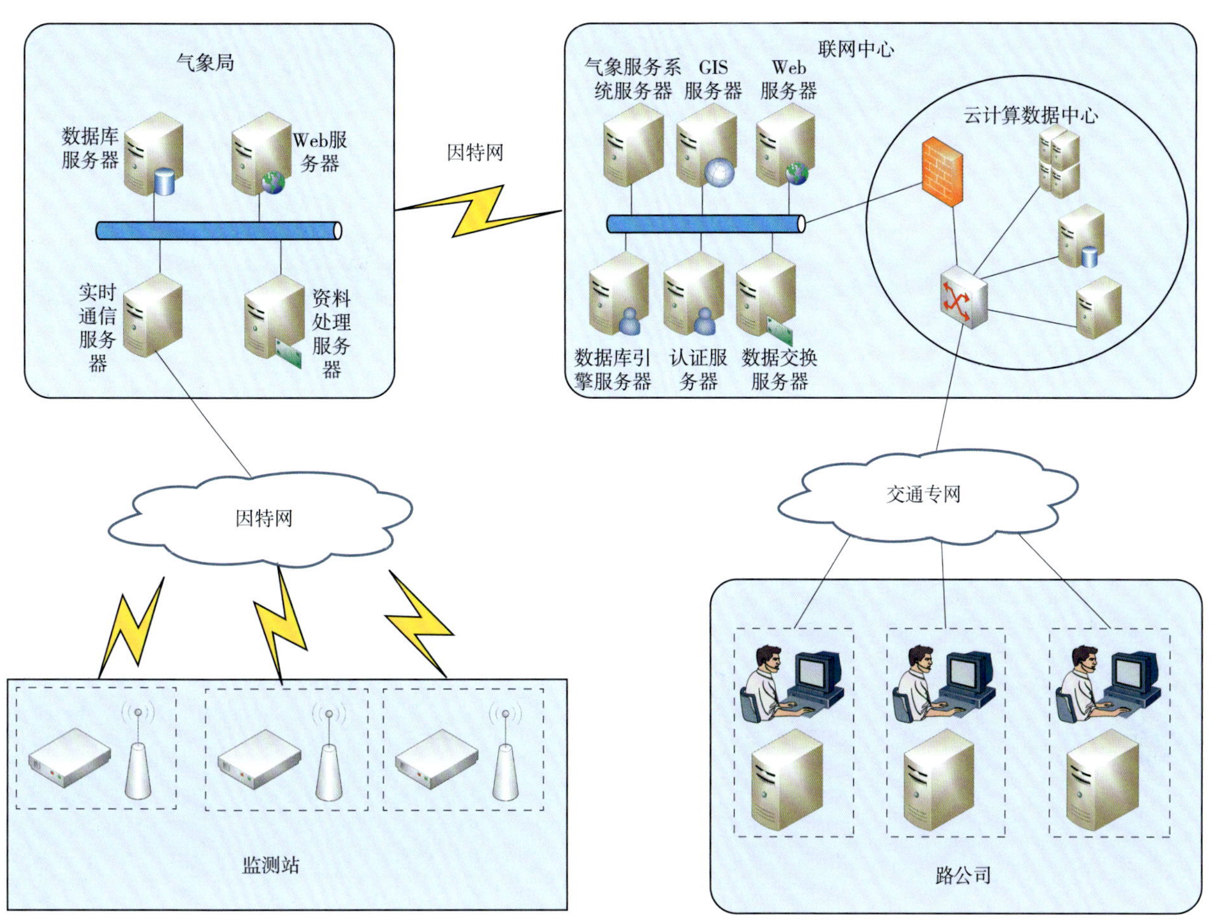

图 7-3　气象服务系统物理架构图

7.3　系统功能

7.3.1　系统功能目标

1)实时全面获取气象数据

气象服务系统实时调用云计算数据中心监测站源数据和气象局分析后的预警预报信息，云计算数据中心对此类数据进行整合，同时需满足实时性要求。

2)完善和标准化气象业务分析

根据不同气象特性，建立相对应气象判别业务类型，根据降雪、强降雨、强风、低能见度、高温、路面冻结等不同类别不同级别气象灾害，自动生成相对应的详细预警信息，预警信息包括具体天气影响路段、影响时间、持续时间，并提供有可能引发重大事件的灾害天气预防措施。

3)全方位多方式发布气象信息、预警信息

发布气象信息应包括实时数据显示、短时气象数据预报以及气象预警预报；发送方式多样化，如情报板、手机信息推送等。

4)与相关系统实时对接

气象服务系统需要与情报板控制与发布系统和监控调度系统实现协同，情报板控制与发布系统能实时发布相关气象信息，监控调度能实时获取预警预报信息。

7.3.2 系统功能模块

气象服务系统功能结构如图7-4所示。

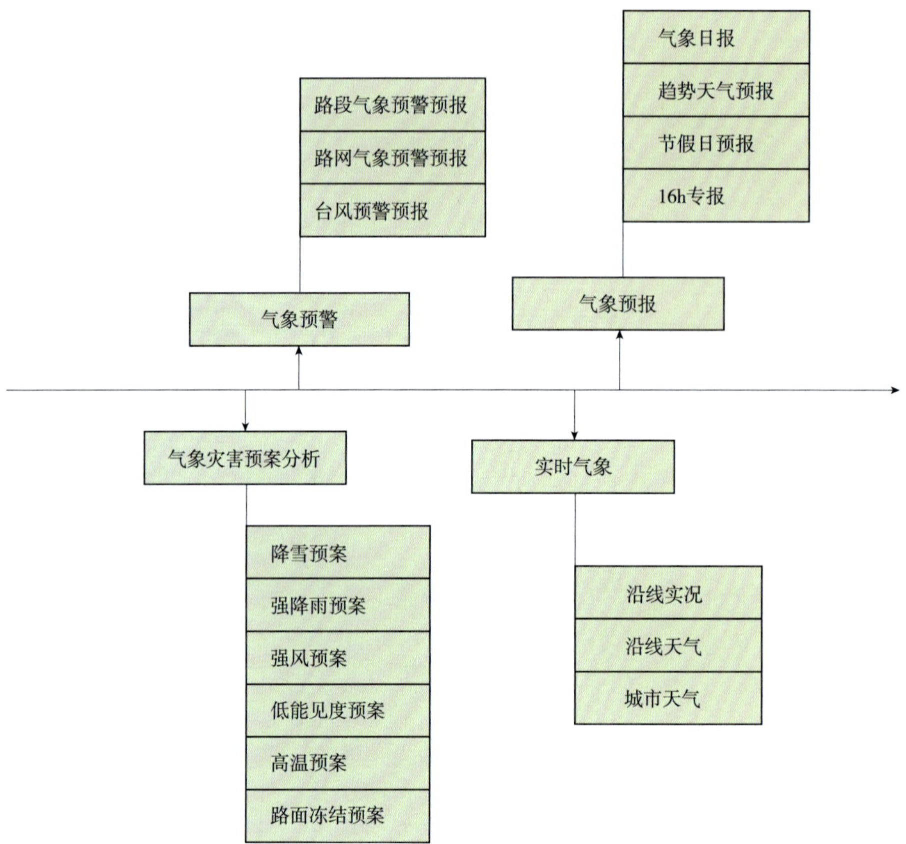

图7-4 气象服务系统功能结构图

1)实时气象

(1)沿线实况

实况内容包括各个监测站点的能见度、温度、湿度、平均风速、雨量、路面温度和路基温度；系统提供三种展现方式，包括GIS图层显示、表格展现和曲线图展现；可按照路公司路段、特定位置(桥梁、收费站、交通枢纽)分类查询实时数据、历史数据和平均值。

(2)沿线天气

通过GIS图层，可查询显示高速公路沿线区域(服务区等)24h天气情况和历史数据；气象要素包括白天和晚上的天气现象、气温、风向和风力。

(3)城市天气

通过GIS图层，可查询各个城市24h前期情况；气象要素包括白天和晚上的天气现象、气温、风向和风力。

2)气象预报

可查询显示全省范围内，08时到第二天08时天气现象、气温情况和历史数据。气象要素包括白天和晚上的天气现象、气温、风向和风力。

(1)趋势天气预测

可查询显示全省范围内，未来一周天气现象、气温情况和历史数据。气象要素包括白天和晚上的天气现象、气温、风向和风力。

(2)节假日预报

可查询显示全省范围内，节假日期间天气现象、气温情况和历史数据；气象要素包括白天和晚上的天气现象、气温、风向和风力。

(3)16h 专报

可查询显示全省范围内，当天 20 时到第二天 08 时和第二天 08 时到 20 时的天气现象和历史数据。

3)气象灾害预案分析

气象灾害类型包括降雪、强降雨、强风、低能见度、高温、路面冻结等七种，预警信息包括具体天气影响路段、影响时间、持续时间，并提供有可能引发重大事件的灾害天气预防措施(处置流程、应急资源分布、相关单位联系方式等)。

4)预警预报

可实现路段预警预报，数据需要以智能化的方式发送到路公司。

台风预警信息要包括台风实时状况、影响范围、影响程度、影响时间、应对措施。

路网预警信息要包括天气灾害类型级别、影响范围、影响程度、影响时间、应对措施，智能分发给路桥公司并且收到反馈信息。

可实现以声音等方式自动提示最新预警信息。

可实现预警信息的历史数据查询。

8 情报板发布与控制系统

8.1 业务模型

为了防范安全隐患，有效减少安全事故发生，情报板发送信息应及时、准确；系统总体模型结构可分为三个过程，发布需求识别、发布控制和发布信息展示。

情报板信息控制与发布系统业务模型如图 8-1 所示。

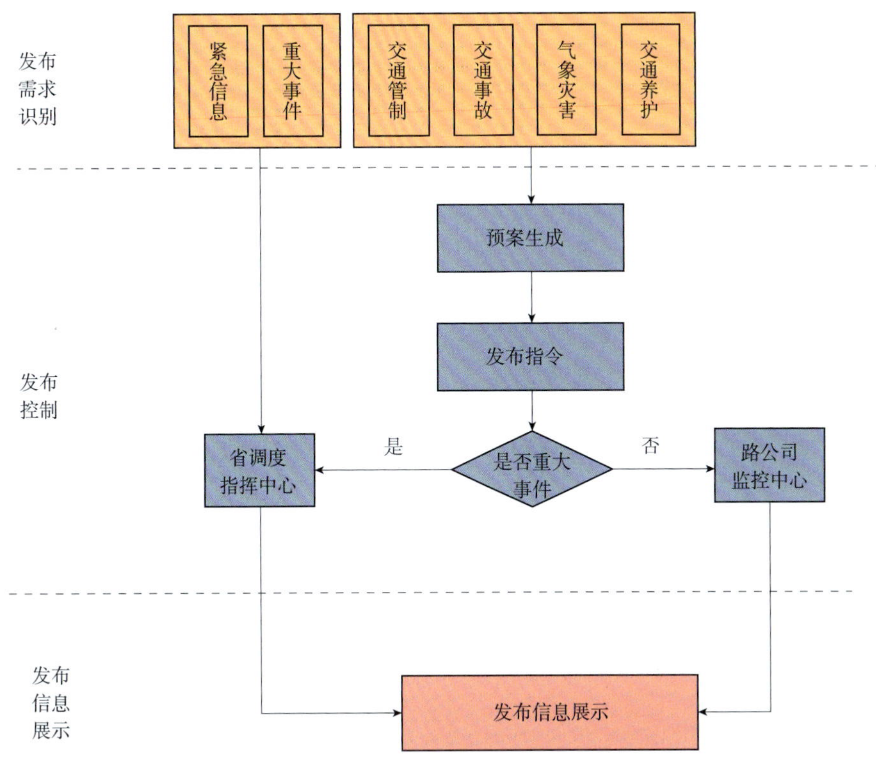

图 8-1 情报板信息控制与发布系统业务模型图

8.1.1 发布需求识别

情报板信息发布需求主要包括两大类：业务协同类和紧急信息类。业务协同类包括交通管制、交通事故、交通养护以及气象灾害类信息发布；紧急信息类是指在紧急情况下，省调度指挥中心人工确定发报内容与情报板发布区域，由联网中心工作人员手动进行情报板信息发布。

8.1.2 发布控制

发布控制分为智能控制和人工控制，智能控制包括预案生成、权限控制和发布确认；对于重大事件，系统为省调度指挥中心生成发布指令，由省调度指挥中心确认并发布；对于一般发布信息，系统直接向路公司监控中心发送指令，由路公司监控中心确认并发布。

人工控制是省调度指挥中心人员根据紧急事件的实际情况确定发布内容和情报板发布区域，手动控制信息发布。

8.1.3 发布信息展示

发布信息确认之后，从监控中心到信息展示包括两个过程：发布信息传输和显示。为了保证情报板信息发布准确性和及时性，需保证传输链路通畅和显示设备符合标准要求。

8.2 系统架构

8.2.1 逻辑架构

1)发布需求数据接入

发布需求数据接入包括两类：系统自动识别接入和人工接入。系统自动识别接入包括交通管制、交通事故、交通养护以及气象灾害类信息发布；人工接入是指在紧急情况下，路网调度指挥中心人工确定发报内容与情报板发布区域，由联网中心工作人员手动进行情报板信息控制与发布。

2)发布控制

(1)权限控制

权限包括路网权限和路段权限。针对重大交通事故、重大交通事件、重大自然气象灾害、交通枢纽协调、国家领导人出行等特殊情况，由路网控制发布；对于一般发布信息，系统直接向路公司监控中心发送指令，由路公司监控中心确认并发布。

(2)预案生成

根据发布需求类别和级别，结合预先建立的预案模型自动生成发布信息，内容包括预案类别、情报板资源分配信息、情报板发布内容和发布时间等信息。

3)信息展示

情报板发布与控制系统能及时显示或发布已经生成的信息，且具有准确性。此类信息包括交通智能诱导信息显示、气象预警信息显示、交通管制信息显示、路网营运与安全状态信息显示等。

其系统逻辑架构如图8-2所示。

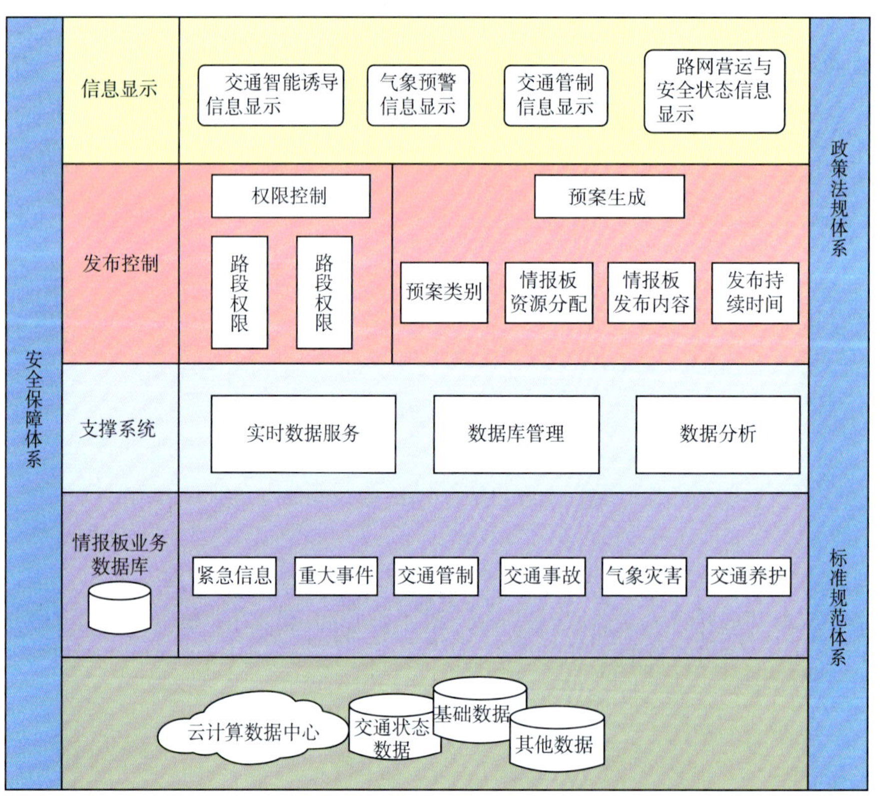

图8-2 情报板控制与发布系统逻辑架构图

8.2.2 物理架构

情报板发布与控制系统物理结构如图 8-3 所示，该系统物理结构包括路网中心、路公司、情报板和通信链路四部分，路网中心的系统自动生成信息发布指令，经交通专网，传送到各个路公司，路公司完成信息的发布。

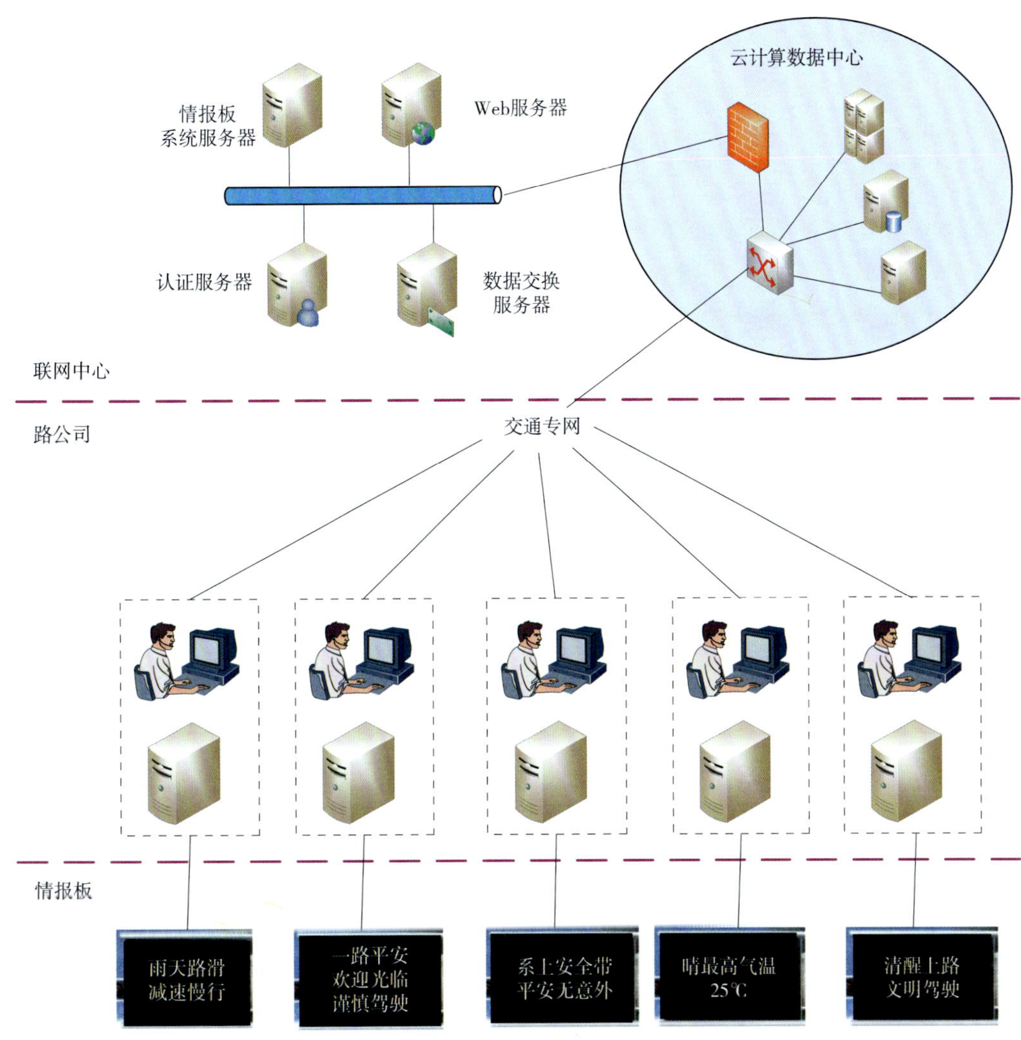

图 8-3 情报板发布与控制系统物理架构图

8.3 系统功能

8.3.1 系统功能目标

1)需求识别实时准确

对于业务协同信息发布需求，首先智能自动识别，然后人工确认；对于省调度中心紧急信息，需要人工确定信息发布预案。

2）提高发布情报板即时性与准确性

系统需能自动生成信息发布预案，以提高应急指挥效率，并能对情报板发布需求、内容、指令执行等进行确认。

3）情报信息预案智能化

根据发布需求，建立完善的情报板发布信息预案。第一，预案类别要包括交通管制、气象预警等所有情况；第二，每个预案包括情报板发布资源分配、情报板发布内容、发布持续时间等完整信息。在自动识别需求基础上，智能生成相应预案，有效提高信息发布效率。

4）发布控制标准化

情报板发布控制标准主要包括发布预案模型标准化、流程标准化以及权限标准化。预案模型标准化是指不同的情报发布需求对应着特定的发布模型；流程标准化是指发布需求、发布确认等顺序和对应部门、系统要遵循标准。

8.3.2 系统功能模块

情报板信息控制与发布系统主要包括四大模块功能：权限控制、预案模型分析、情报板跟踪以及情报板信息指令发布等，如图8-4所示。

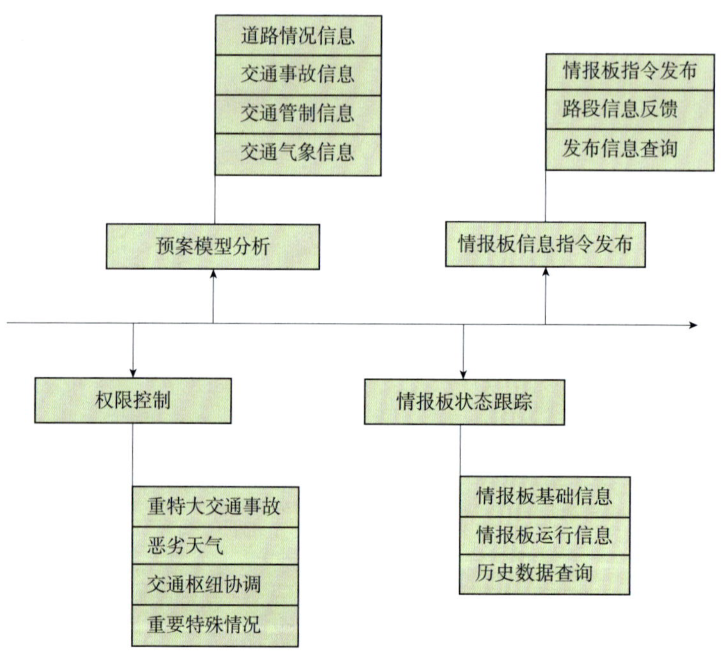

图8-4 情报板控制与发布系统功能结构图

1）权限控制

调度指挥中心发布需求如表8-1所示。

调度指挥中心发布需求表 表8-1

序号	类 别	需 求 描 述	备 注
1	重特大交通事故	当路网内发生重大事故，实施全省大范围特级管制，牵涉到路网内大部分高速公路，需要由省调度中心统一发布可变信息指令时	省调度中心发布交通诱导信息指令后，应实时监控事件发展情况，并对情报板发布情况进行督促、跟踪。事发路段管制解除后，省调度中心应及时将解除信息及事发路段的道路拥堵情况通知相关公司，相关公司应根据车辆行驶的时间和情报板间隔距离进行推算，逐步变更交通信息或解除情报板
2	恶劣天气	当路网内发生恶劣天气，实施全省大范围特级管制，牵涉到路网内大部分高速公路，需要由省调度中心统一发布可变信息指令时	

续上表

序号	类　别	需求描述	备　注
3	交通枢纽协调	当发生重特大交通事故、恶劣天气等突发事件时，事发单位自己协调困难时，总值班室人员应及时将情况反映至省调度中心，由省调度中心了解相关情况，并最终做出指令，相关公司接到指令后应立即执行	
4	重要特殊情况	国家领导人出行等情况	

2)发布预案智能生成

情报板发布的详细信息如表 8-2 所示。

情报板发布信息分类表　　表 8-2

类别	信息
道路情况信息	前方××公里处道路××(施工、塌陷、积水等)
	前方××公里处××(车多缓行、道路拥堵等)
	××站出口××(车多缓行、拥堵等)
交通事故信息	前方××公里路段发生××事故(描述事故类型，如"二车追尾"等)，××(描述事故影响，如"占据半幅车道"等)
交通管制信息	道路封闭，请就近驶离高速或驶入服务区
	××车辆限制驶入(请就近驶离高速)
	限速××
	车辆从××(枢纽、站)分流
	前方××公里处借道行驶
	车辆从前方掉头
交通气象信息	前方大雾(冰雪、大风、暴雨、团雾等)
	预计×分钟后将有大雾(冰雪、大风、暴雨等)天气
	预计×分钟后大雾消散(大雪渐止、大风渐止等)
	气温：×××
	风力：×××

3)情报板信息指令发送

系统自动生成发布内容，并可点击选择发布路公司、路段区域、桩号、发布的持续时间和发送方向。

可实现以报表显示方式，按路段、路公司分类查询路公司反馈信息。

可实现以报表显示方式，按路段、路公司分类查询已发指令信息和路公司反馈信息。

可实现以报表显示方式，按路段、路公司分类查询历史发布信息的详细内容。

4)情报板信息查询

可通过 GIS 图层和报表两种显示方式，按路公司、重要路段、重要地段、设备类型分类查询情报板基础数据、运行数据和历史数据，基础数据包括桩号、所属路段、路公司、设备类型、生产厂家等，运行数据包括桩号、发布内容、时间段、方向、发布信息来源单位、设备运行状态信息。

XIAPIAN
YINGYONGPIAN

下 篇

应用篇——江苏省高速公路联网营运管理中心

9 江苏省现有指挥调度业务、系统介绍

9.1 指挥调度业务现状

9.1.1 高速公路视频监控

江苏省高速公路联网营运管理中心(简称联网中心)调度指挥中心采用3台主机显示监控界面，每台界面显示9路视频，同时展现27路视频。视频通过显示预案迅速切换，满足不同的监控模式需求。调度指挥中心的监控对象一般分为三大部分：苏北高速公路段视频、全省桥面监控视频、苏南高速公路段视频。

监控视频分为被动查看和主动查看两种模式。当有不利天气或发生交通事故时，值班员可切换视频通道进行远程查看。值班业务人员接收到交通事故、交通事件以及交通异常情况后，迅速根据桩号切换视频，第一时间直观了解交通现场；值班业务人员同时也会对视频巡查，重点查看交通枢纽、交通分流处以及高速区域交界处交通情况。

高速公路视频监控业务流程如图9-1所示。

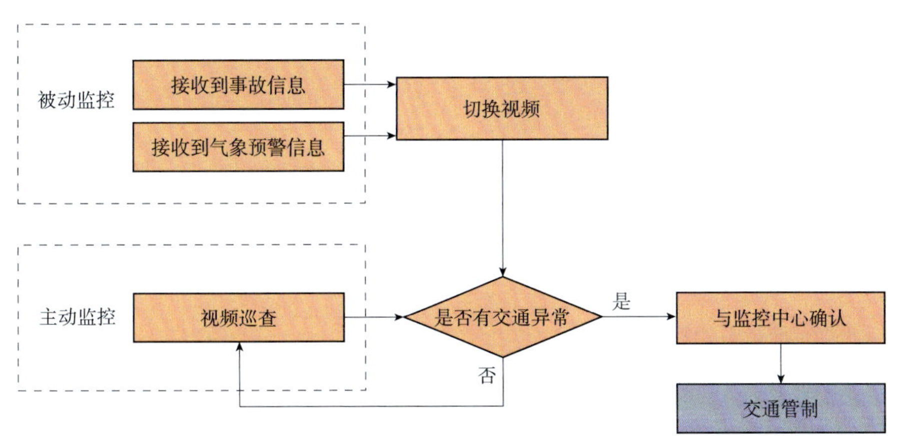

图9-1 高速公路视频监控业务流程图

目前，省联网中心均能调看路桥公司的监控视频，但是路桥公司之间不能相互调看，因此省联网中心在视频监控业务中还起到了路桥公司之间的协调作用。

9.1.2 高速公路营运信息管理

省联网中心调度中心通过高速公路调度指挥系统对全省高速公路进行营运信息管理，根据此系统的统计营运数据，对全省高速营运现状全盘把握。营运信息包括各路桥公司的三大块信息：交通管制信息(通行信息、车辆限行限速信息、道路施工作业信息)、交通安全信息(交通事故信息、恶劣天气信息)、系统维护信息(设施受损维护信息、道路施工作业信息)。

各路桥公司通过联网营运管理系统(即上报系统)报送信息到联网中心，联网中心通过监控调度系统(即查阅系统)统一处理。各路桥公司按照文本格式通过联网营运管理信息系统上报，平级的路桥公司均能看到汇总之后的上报数据，以查阅的形式共享全省路桥营运数据。省调度中心以管理权限登陆监控调度系统，查看报表数据，根据路桥公司上报的信息拟订不同的处置预案。

高速公路营运信息管理业务流程如图9-2所示。

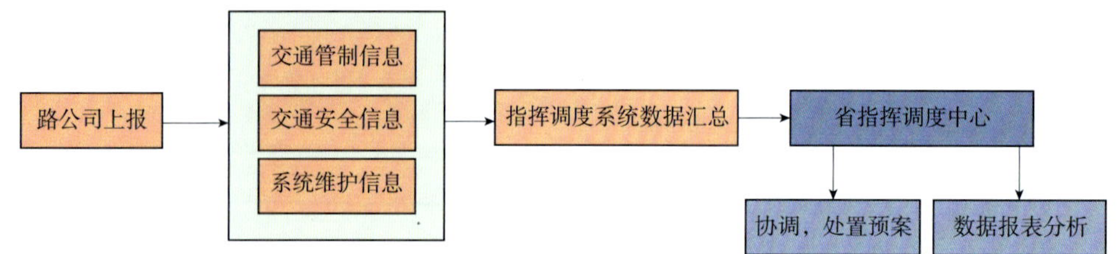

图 9-2　高速公路营运信息管理业务流程图

9.1.3　高速公路管制

1) 不利天气条件下的交通管制

联网中心确定 169 个气象观测点，通过与气象局共建气象系统实时监控并预报温度、湿度、风速、雨量、能见度、气压等 7 个天气要素，同时气象局每天还以 PDF 文件的形式和传真下发全省高速的预警信息。联网调度指挥中心根据气象局的预警结论，人工决策生成不利天气下的交通管制策略，将不利天气影响的高速公路区域段划分至相应的路桥公司，通过电话对路桥公司进行不利天气的交通管制指导。

不利天气条件下的交通管制流程如图 9-3 所示。

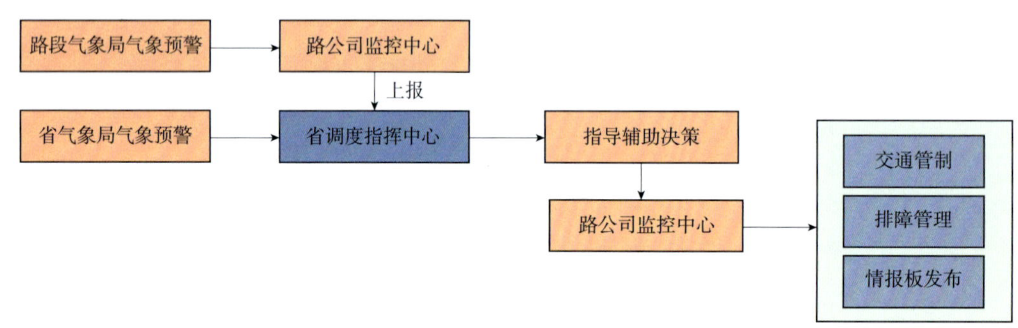

图 9-3　不利天气条件下的交通管制流程图

2) 交通事故条件下的交通管制

联网调度指挥中心收到交通事故信息，立即电话与管辖该区域或桩号的路桥公司确认是否有交通事故、影响范围以及人员伤亡情况。沟通确定交通管制的范围和方法并记录在案，进而把该交通管制信息电话通知到相互影响或相邻区域的路桥公司。若交通事故影响严重，路桥公司把该交通事故通过营运上报系统按既定的文字格式上传到联网中心，联网中心信息服务中心(即 96777 系统)业务人员确定该事件后，发布在公众出行网站上。

交通事故条件下的交通管制流程如图 9-4 所示。

9.1.4　高速公路事故处理

高速公路事故处理是联网中心调度指挥中心优先级最高的业务。事故一般由 110、96777 系统以及监控分中心上报。由于事故突发性、事故影响较大、事故伤亡大等因素，联网中心调度指挥中心对事故的处理按制订的预案进行，并协调交警、路政部门保证人员安全和交通维稳，通知相关高速枢纽及分流点进行交通管制，指导发布情报板信息。

由于事故处理的预案属于流程化预案，调度指挥系统仅提供分步执行的步骤，因此属于宏观指导。在微观层

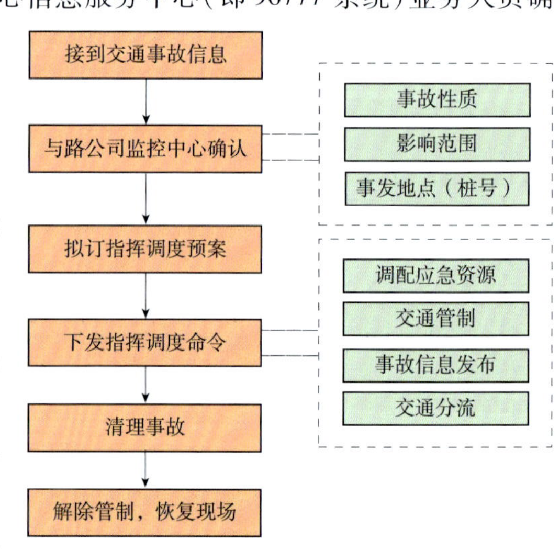

图 9-4　交通事故条件下的交通管制流程图

面，目前调度指挥系统无法提供详细的过程化方案，如影响范围评估、相关协调单位分解、交通管制策略生成、调度指挥信息发送及确认等功能均需人工操作确认。

高速公路事故处理流程如图9-5所示。

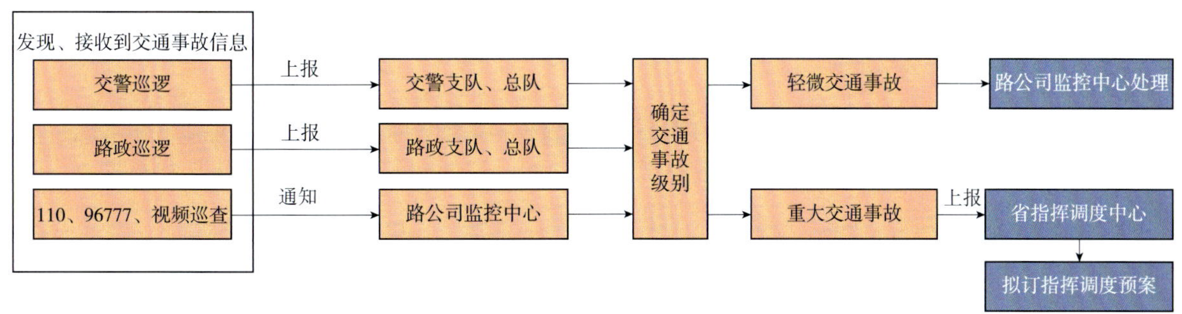

图9-5　高速公路事故处理流程图

9.1.5　高速公路区域协调与资源调度

路桥公司之间、江苏省与邻界省份高速公路的协调由联网中心调度指挥中心完成。路桥公司与其他路桥公司的交通通行信息暂无共享，因此路桥公司之间的交通管制协调请求均上报到联网中心调度指挥中心，由联网中心调度指挥中心下发分流、预警、管制信息。与山东、安徽、浙江、上海相邻省市的高速公路管制信息、应急资源信息均由联网中心调度指挥中心统一处理，调度策略由控股、巡警、路政部门协商。

省内高速公路交界处、枢纽段、路桥公司管辖交界处，交通分流管制点较多，目前省调度中心人工协调已不能满足联网调度的需求，因此针对影响较小的交通管制需求，路桥公司之间通过电话、聊天工具等手段及时通信，不需要上报到省联网中心。

高速公路区域协调与资源调度关系如图9-6所示。

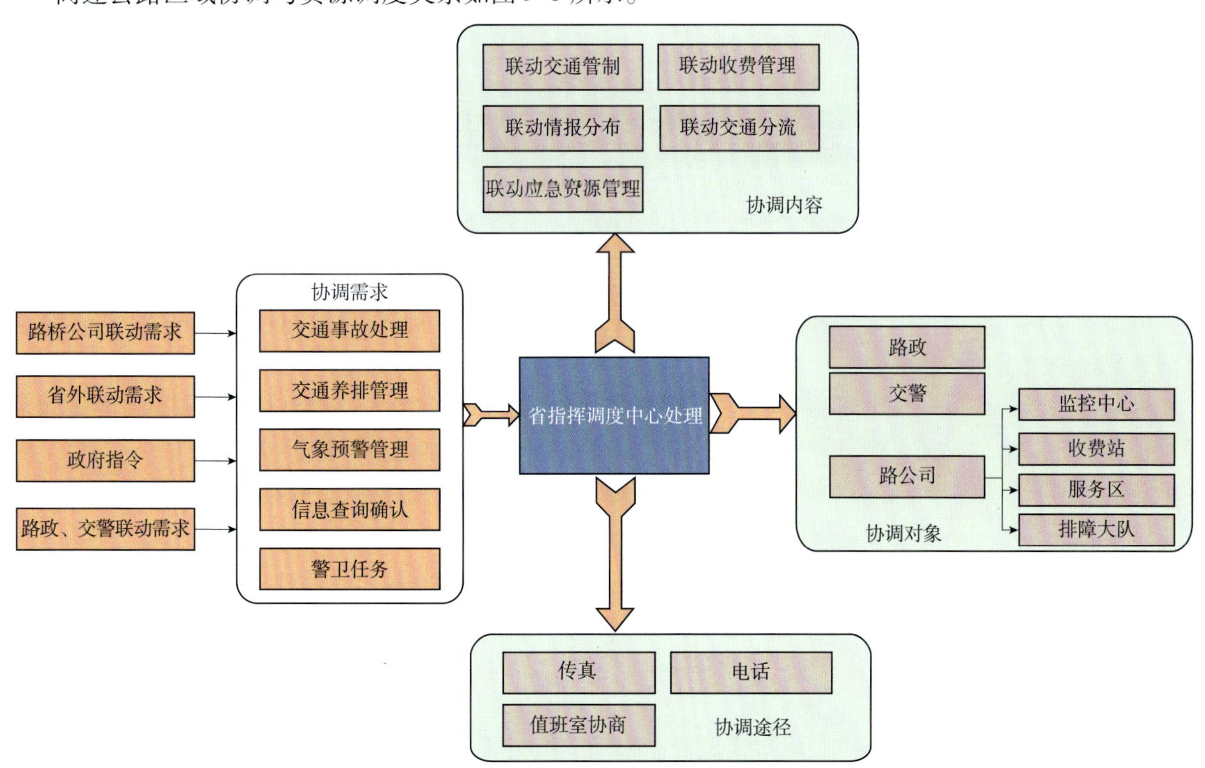

图9-6　高速公路区域协调与资源调度关系图

9.2 现有指挥调度系统介绍

9.2.1 CCTV 视频监控系统

CCTV 视频监控系统是调度指挥中心的核心业务系统，是独立于监控调度系统的一套系统，用以直观显示各路桥公司所管辖区域的交通情况。目前，联网中心视频共享情况已能满足监控需求，联网指挥中心能切换查看各路桥公司的监控视频。该系统软件界面简单，而且各路视频按路桥公司管辖范围和桩号划分类别，操作性较高。

调度指挥中心通过 CCTV 视频监控系统，对路桥公司共 1 800 多路视频实现视频监控。由于路桥公司开始大规模使用高清摄像机，一路高清需占用 4M 带宽，因此每家路公司的并行调看视频数量限制 2 ~4 路。

本系统性能较为稳定，视频监控问题一般是网络和前端设备问题导致。图 9-7 为 CCTV 视频监控系统的展示界面。

图 9-7 CCTV 视频监控系统界面

调度指挥中心能调看各路桥公司的监控视频，但是路桥公司之间不能相互调看。路桥公司之间的视频需按需共享，以减轻联网中心调度指挥中心资源协调的业务压力，同时提高不同路桥公司之间协同处理交通事件的效率。

9.2.2 短信发送系统

短信发送系统是调度指挥中心值班人员向控股公司及路桥公司、交警、路政部门相关领导汇报交通营运及安全情况的短信平台。

短信发送系统基本能满足业务需求。短信发送系统有三个核心功能：通信录管理、短信发送、已发送查询统计。短信发送按已分类通信录设定短信目标群体，提高发送效率。

短信发送平台无回复应答功能，无已阅读提示。根据发送时间和发送内容查询相应的发送状态及信息。

短信发送系统是一套独立部署的 B/S 架构系统，入口简单，功能单一稳定。

9.2.3 GPS 定位系统

GPS 定位系统是一套基于 GIS 的车辆资源定位系统，对省高速公路排障 GPS 车辆、交巡警 GPS 车辆、路政 GPS 车辆、养护 GPS 车辆实现全程定位、历史轨迹查询等功能。联网调度指挥中心、路桥公司分监控中心、交巡警部门都使用此系统，根据车辆的实时位置信息，业务人员通过地图查找，全面部署交通应急援救预案。

GPS 定位系统对查找车辆状态有一定帮助，业务人员利用该系统分配交通应急资源，协调各单位按最优策略组织交通事故援救。图 9-8 为 GPS 车辆查询系统界面。

图 9-8　GPS 车辆查询系统界面

如发生交通事故，联网中心及路桥公司主要负责清障及交通管制。通过车辆的轨迹回放和路桥公司清排障的相关数据(清障原因、清障次数、清障时间)，加以人工分析，统计出路桥公司清排障资源管理的数据，为路桥公司的排障计划和排障系统管理调优做参考。图 9-9 为 GPS 定位系统的展示界面。

图 9-9　GPS 定位系统界面

业务人员利用 GPS 定位系统分配交通应急资源，协调各单位按最优策略组织交通事故援救。但车辆的微观信息，包括车辆状态(巡查、援救、行驶目标)、车辆驾驶员信息未知，不利于车辆调度之后的持续跟进。有限的车辆微观信息，也不足以支持现有的清排障统计、分析及管理。

9.2.4　监控调度系统

监控调度系统是调度指挥中心进行交通营运和安全统计分析的基础，也是路桥公司进行营运和安全数据管理的平台。系统涉及的业务主要包括交通特勤管制情况(管制级别、管制时间、管制影响范围)、道路治安情况(交通事故描述、伤亡情况、事故原因等)、车辆闯卡、施工作业、设备故障管理、警卫任务、情报板显示的信息等。绝大部分业务数据由路桥公司实时上传，也有一部分是事后补充上传；系统还有辅助营运管理功能，如排班管理、报表分析统计、危险品专家库、应急处置措施等。

路桥公司所用的上报系统和联网中心的查阅系统应用同一套数据资源，只是根据业务的级别划分不同的权限给应用对象。同时，联网中心信息服务中心的业务系统(96777 系统)与调度指挥营运管理系统也是同一数据源，具备数据共享的基础。96777 系统也支持上报营运管理数据。因此，路桥公司的上报系统和 96777 系统均支持营运数据上报，可汇总数据到调度指挥系统。图 9-10 为监控调度系统的展示界面。

图 9-10　监控调度系统界面

监控调度系统的辅助营运管理功能(如排班管理、报表分析统计、危险品专家库、应急处置措施等),从实际情况看并不实用,业务人员仍习惯于靠手工记录值班情况,而报表分析功能存在统计数据不全、数据口径不统一等问题,因此业务人员一般把数据导出来自行分析,基本不使用系统的报表分析功能。

9.2.5　交通气象灾害保障服务系统

交通气象灾害保障服务系统是一套为高速公路服务的气象数据系统。在数据展示方面,通过地理数据图层结合全球地图,并将高速公路区域路段、服务区的地理信息叠加于地理底图上,两者构成 GIS 显示的静态图层,以高速公路区域路段为单位的气象数据以文字提示的方式和地理信息关联,构成动态图层;在气象数据方面,该系统提供 24h 的天气状况信息,通过点击地区小图标,弹出该地区实时的天气信息,包括能见度、温度、湿度、风速风向、气压。通过菜单点击也可查看 16h 之内、一周之内天气大概情况;气象预报的方式有三种,包括实时数据显示、短时气象数据预报以及气象预警预报,这三种方式都用得较多。该系统集成台风路径和台风跟踪情况于气象服务中,能为业务人员把握气象动态提供全面的数据基础。

交通气象灾害保障服务系统已有数据的准确性达 90%,但是气象监测点有限,划分的高速气象区域范围太大,数据只能作为大致参考;因天气原因而导致的交通管制需求,需要气象部门给省调度中心和路桥公司监控中心下达气象预警信息,以纸质正式文件形式通知,各调度指挥中心才予以执行。因此,该系统提供的数据较大程度上给调度指挥中心(或分监控中心)做参考作用,为交通管制策略做参考,不能直接指导相关单位进行气象交通管制。图 9-11 为交通气象灾害保障服务系统的展示界面。

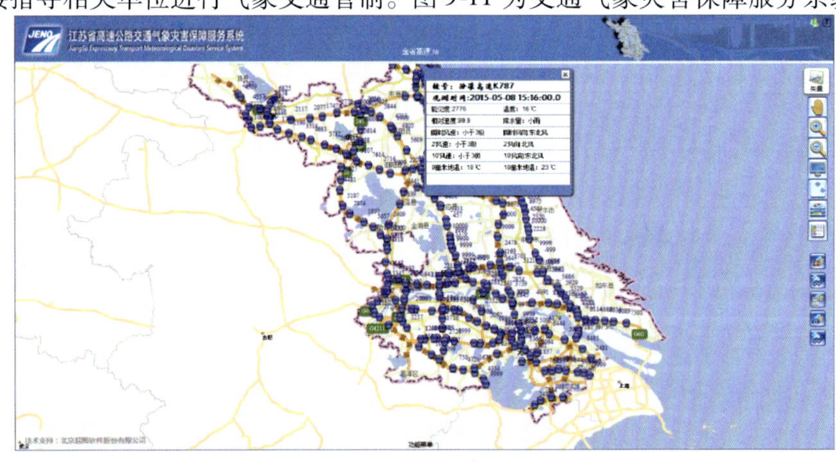

图 9-11　交通气象灾害保障服务系统界面

9.3 问题分析与解决思路

9.3.1 主要问题分析

(1)指挥调度平台已有系统相互孤立，且功能薄弱，无法全面支撑指挥调度中心业务。

(2)指挥调度平台与路公司的应急处理平台是单向数据流通，路公司能通过上报系统上传应急数据到联网中心，但联网中心无法对路公司处理事故的信息实时主动获取。

(3)交通动态运行数据监测、分析功能尚未实现，路网整体运行情况无法把握。

(4)尚无面向指挥调度领导的决策支持功能，人工制作报表无法满足实时性与准确性要求。

(5)营运数据分析、交通事件、影响分析、预案生成功能尚未实现，智能化水平待提升。

(6)系统业务数据尚未充分利用，数据挖掘与交通安全性分析尚未开展，交通安全管理水平待提升。

(7)与路公司的指挥调度业务沟通依靠传统的程控电话，业务协调效率较低。

(8)业务数据多系统显示，尚未实现数据在一套界面上综合展示，集约化显示程度不高。

(9)调度预案、应急资源分配预案完全依靠人工判别，依赖经验决策。

(10)在重特大交通事件情况下，省联网中心无法实现对路段的监控设备及信息发布设备的可控制、可看、可测。

9.3.2 解决思路

(1)梳理指挥调度的业务分类，分析指挥调度的数据需求，建立与其他应用系统、与跨部门跨区域的数据联动接口。以不同类别的事件为驱动生成不同的联动方式，建立联合指挥调度模型，自动生成调度预案，以最科学的资源配置方式合理调度；建立科学自动化响应系统，为多单位、多部门的联合作业提供有效的支撑。

(2)高效利用高速路网中各类交通动态数据。结合交通环境信息，建立大范围、全方位、动态的交通运行监测系统，以达到实时分析交通气象信息、交通事件信息、应急处置与调度信息的目的。

(3)提高指挥调度业务系统的智能化水平。在信息加工、信息处理、信息发布过程中，运用动态反馈与自适应学习方法，定制适用于省级指挥调度的智能系统。在交通事件检测、交通气象预报预警等信息处理阶段采用多信息融合与智能判别方法，使监控调度系统在事发之后第一时间自动响应，提供推送信息，调用周边应急资源；在交通态势推演、交通状态评估、交通管制预案生成、交通响应流程化管理等方面提供智能辅助支持。

(4)划分指挥调度平台基础业务和应用业务，可进一步提高业务系统的适用性。基础业务包括交通信息集中处理以及二次加工，判别交通事件，为应急指挥提供基础信息，作为指挥调度智能决策的输入；应用业务可通过统一标准、统一应用界面的调度平台展现交通状态和应急调度方法、流程、资源配置，使调度过程有条不紊地执行。

(5)科学建设指挥调度系统，使其具有扩展能力，支持与其他业务协同。实现所辖高速公路救援报警信息采集的多样化，事故事件发生地点确定的准确化，救援保通力量编成的科学化，调度指令和救援、保通信息动态传递的及时化，调度指挥的系统化、信息化，提高救援、保通快速反应和科学决策能力。

9.4 省联网中心与路公司指挥调度平台业务关系

按照交通运输部应急处置内容、江苏省高速公路营运管理现状及发展需求，将指挥调度业务划分为以下10类(表9-1)，涵盖正常交通情况与应急情况下省高速公路营运管理与安全业务。

指挥调度业务类别　　表9-1

序号	指挥调度的业务类别	业务流程图	业务过程系统对应图
1	常态下交通营运管理	图9-12	图9-13
2	交通事故	图9-14	图9-15
3	危化品事故处理	图9-16	图9-17
4	恶劣天气	图9-18	图9-19
5	交通拥堵	图9-20	图9-21
6	施工养护	图9-22	图9-23
7	不法行为(偷逃通行费、偷盗与损坏道路设施设备)	图9-24	图9-25
8	警卫任务	图9-26	图9-27
9	群体事件	图9-28	图9-29
10	指挥调度相关系统、设备故障	图9-30	图9-31

业务流程图描述省联网中心与路公司指挥调度业务内容、业务顺序与业务界面；业务过程系统对应图描述省联网中心与路公司指挥调度业务执行过程中涉及的系统功能。

9.4.1 常态下交通营运管理

常态下交通营运管理处置流程如图9-12所示，其处置业务—系统关系如图9-13所示。

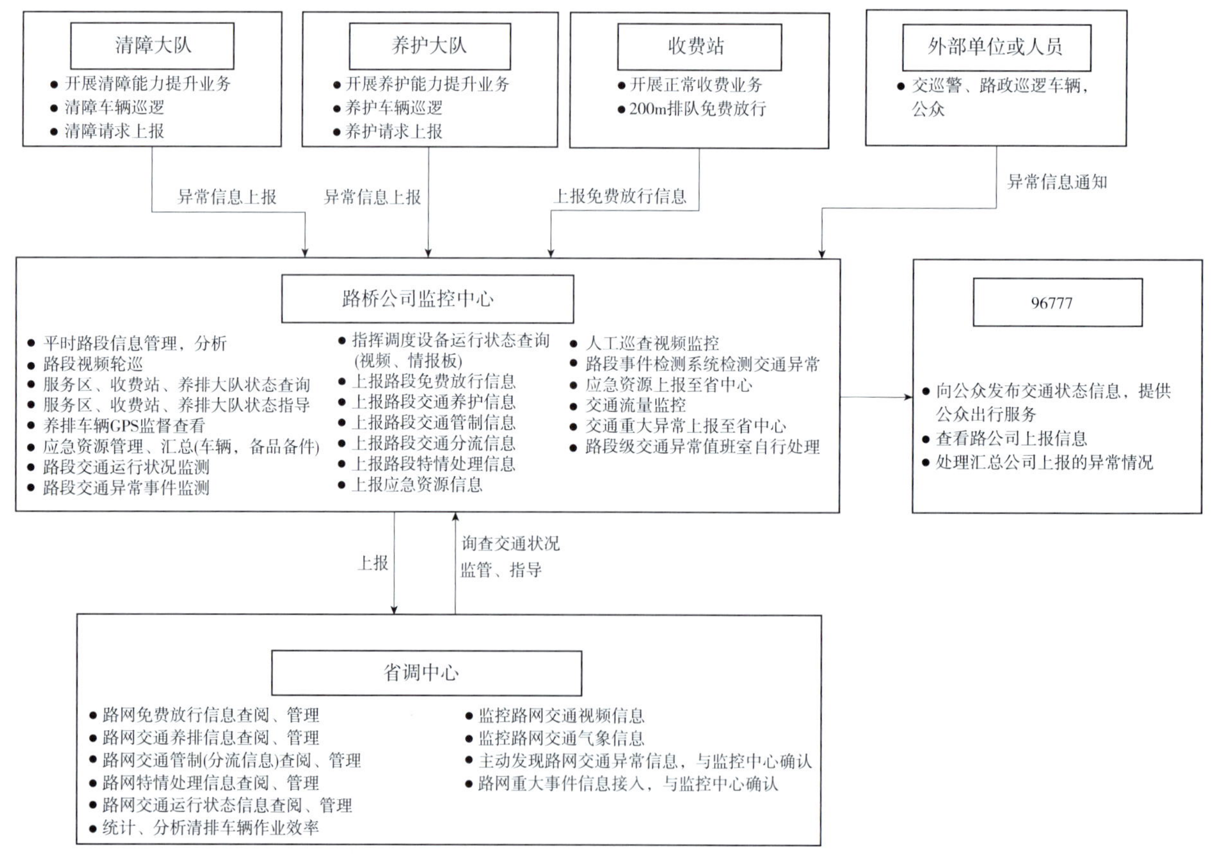

图9-12　常态下交通营运管理处置流程图

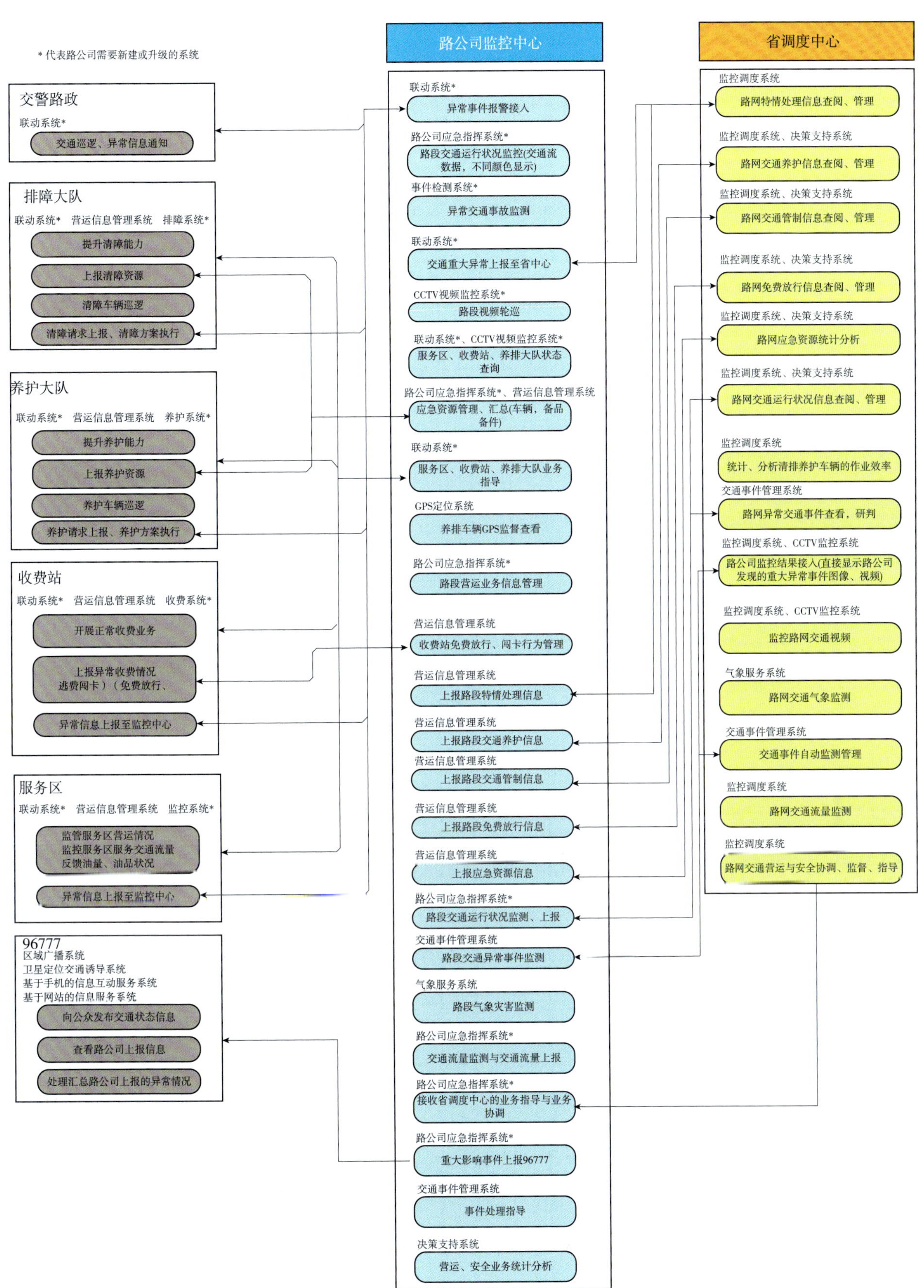

图 9-13 常态下交通营运管理处置业务—系统关系图

9.4.2 交通事故

交通事故处置流程如图 9-14 所示，交通事故处置业务—系统关系如图 9-15 所示。

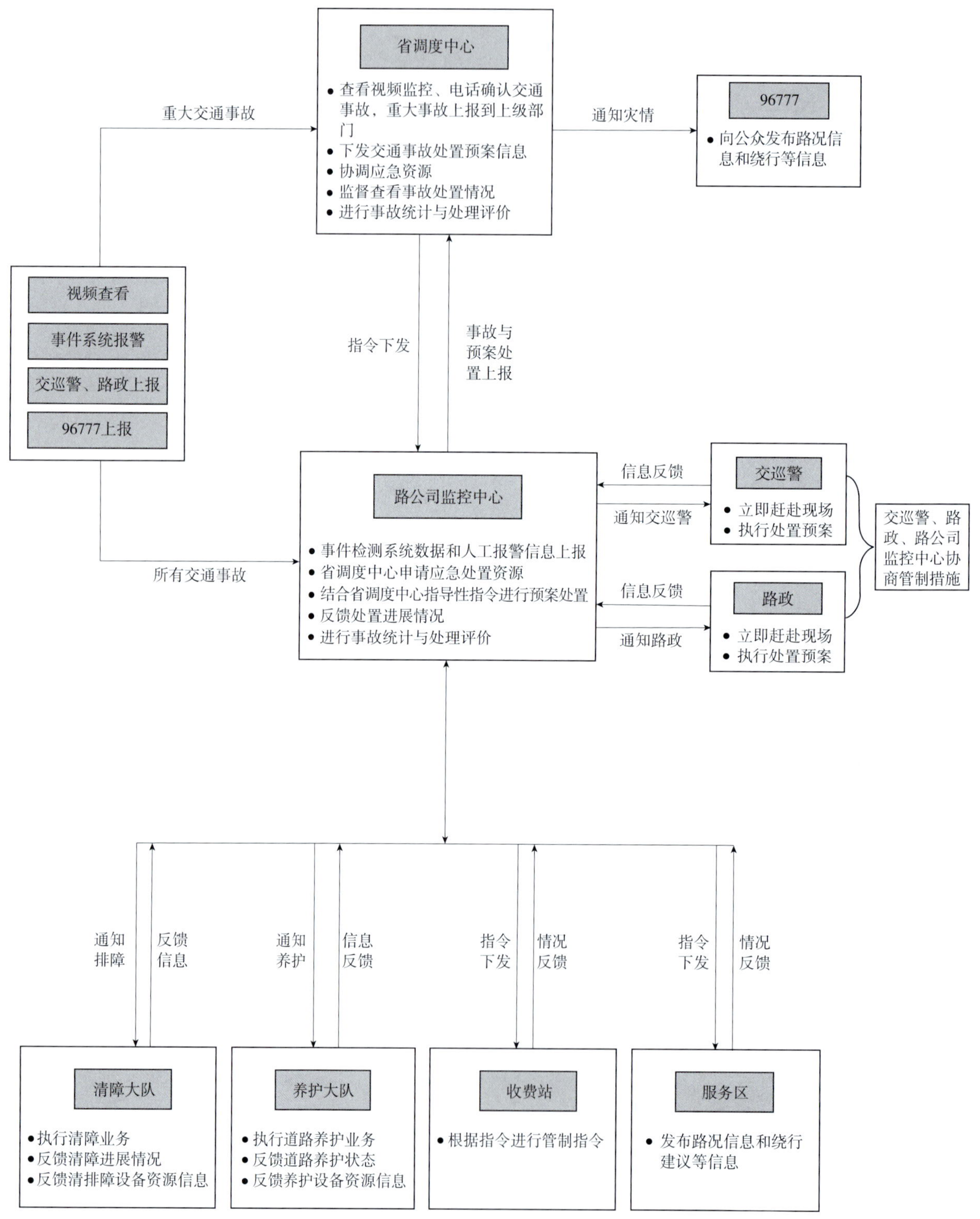

图 9-14 交通事故处置流程图

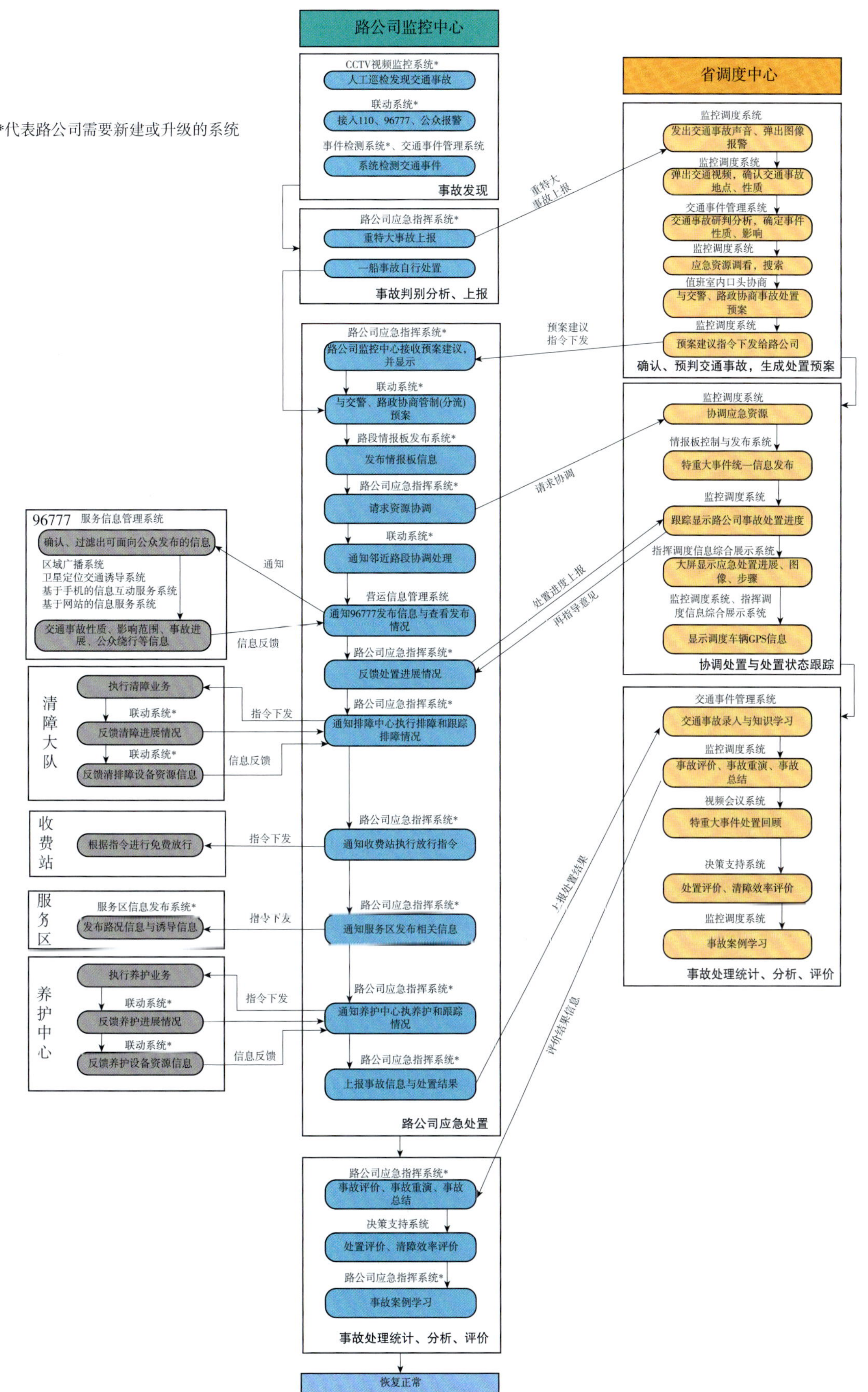

图 9-15　交通事故处置业务—系统关系图

9.4.3 危化品事故处理

危化品事故处理处置流程如图9-16所示，其处置业务—系统关系如图9-17所示。

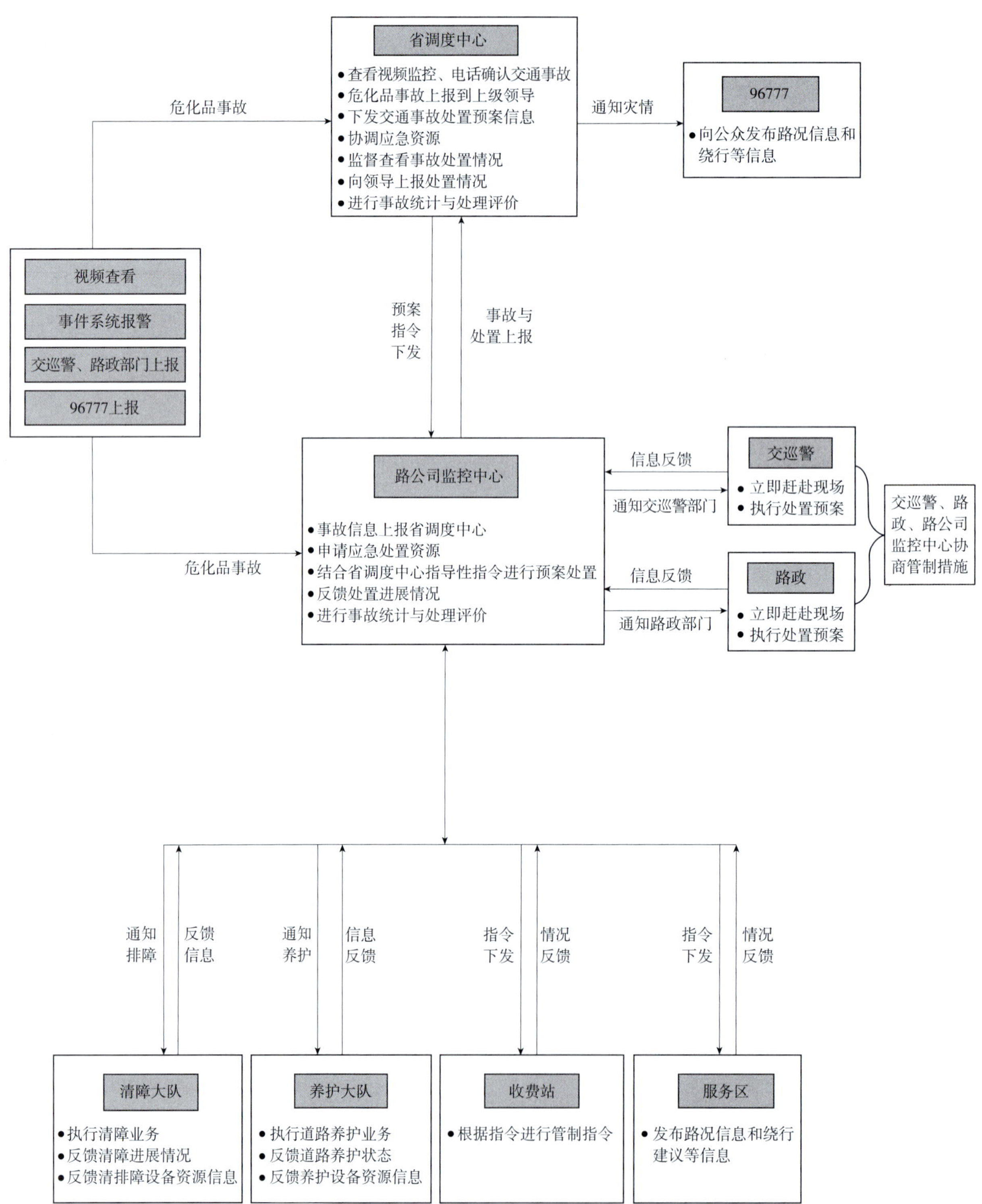

图9-16 危化品事故处理处置流程图

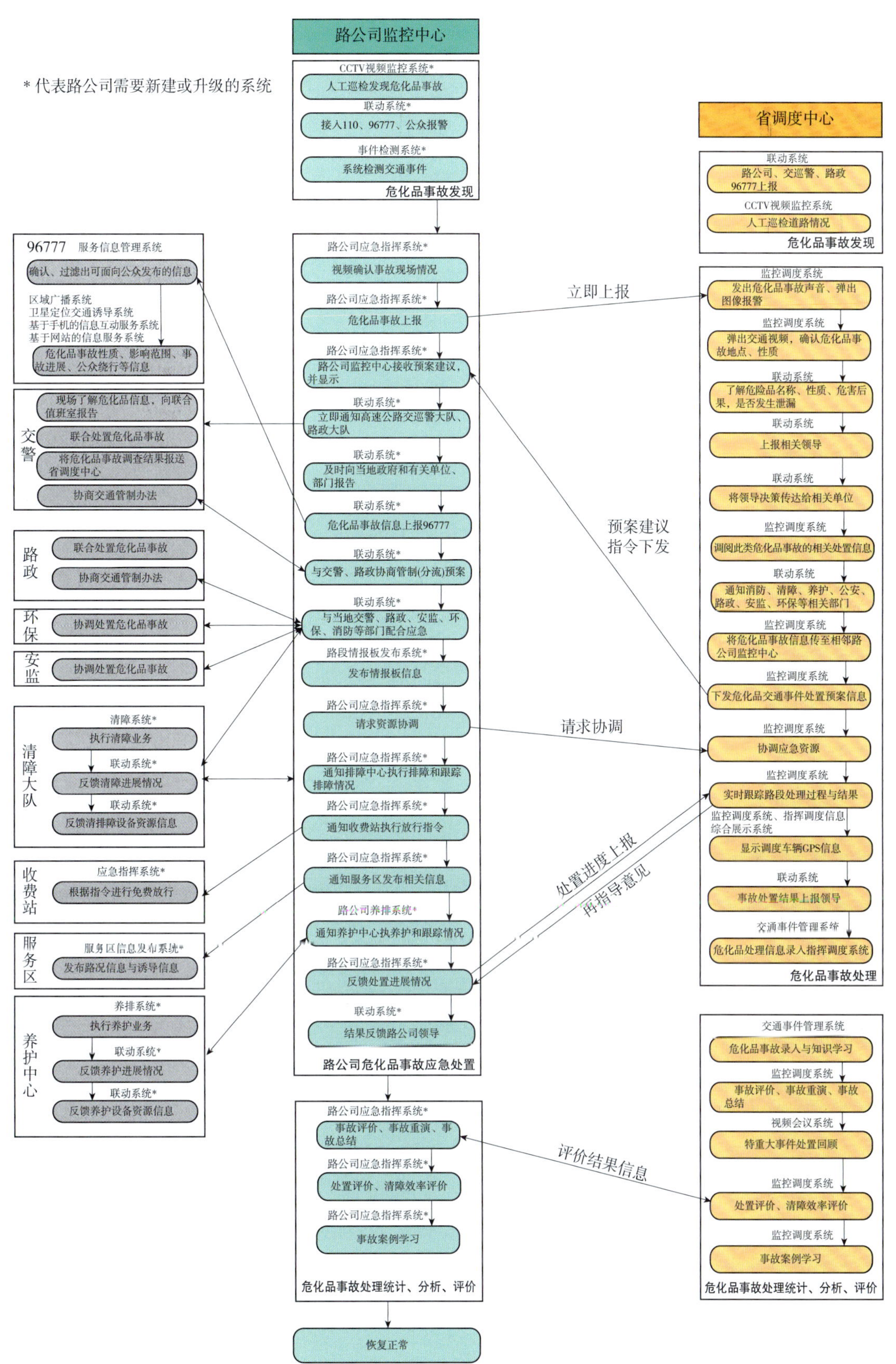

图 9-17　危化品事故处理处置业务—系统关系图

9.4.4 恶劣天气

恶劣天气处置流程如图 9-18 所示，其处置业务—系统关系如图 9-19 所示。

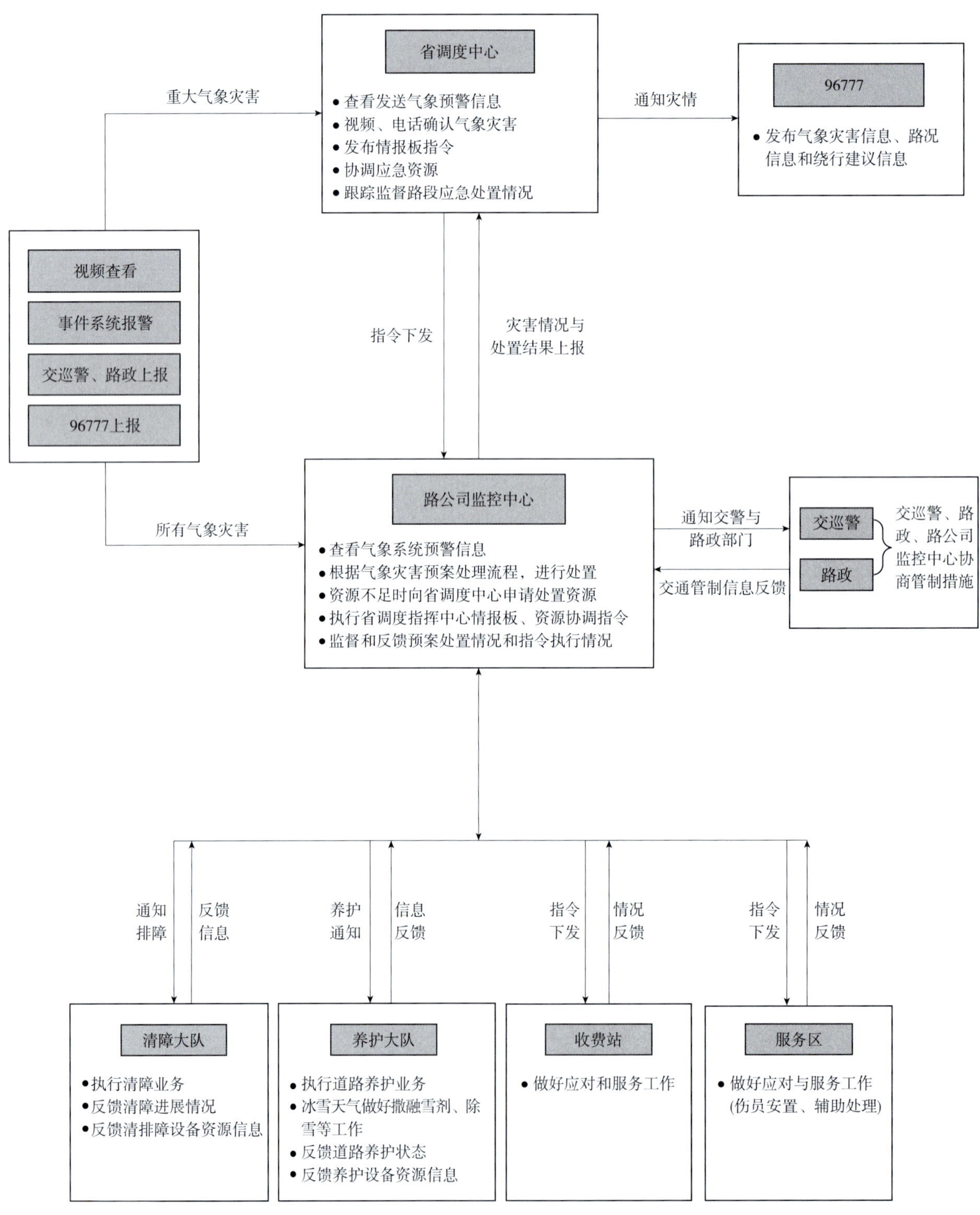

图 9-18 恶劣天气处置流程图

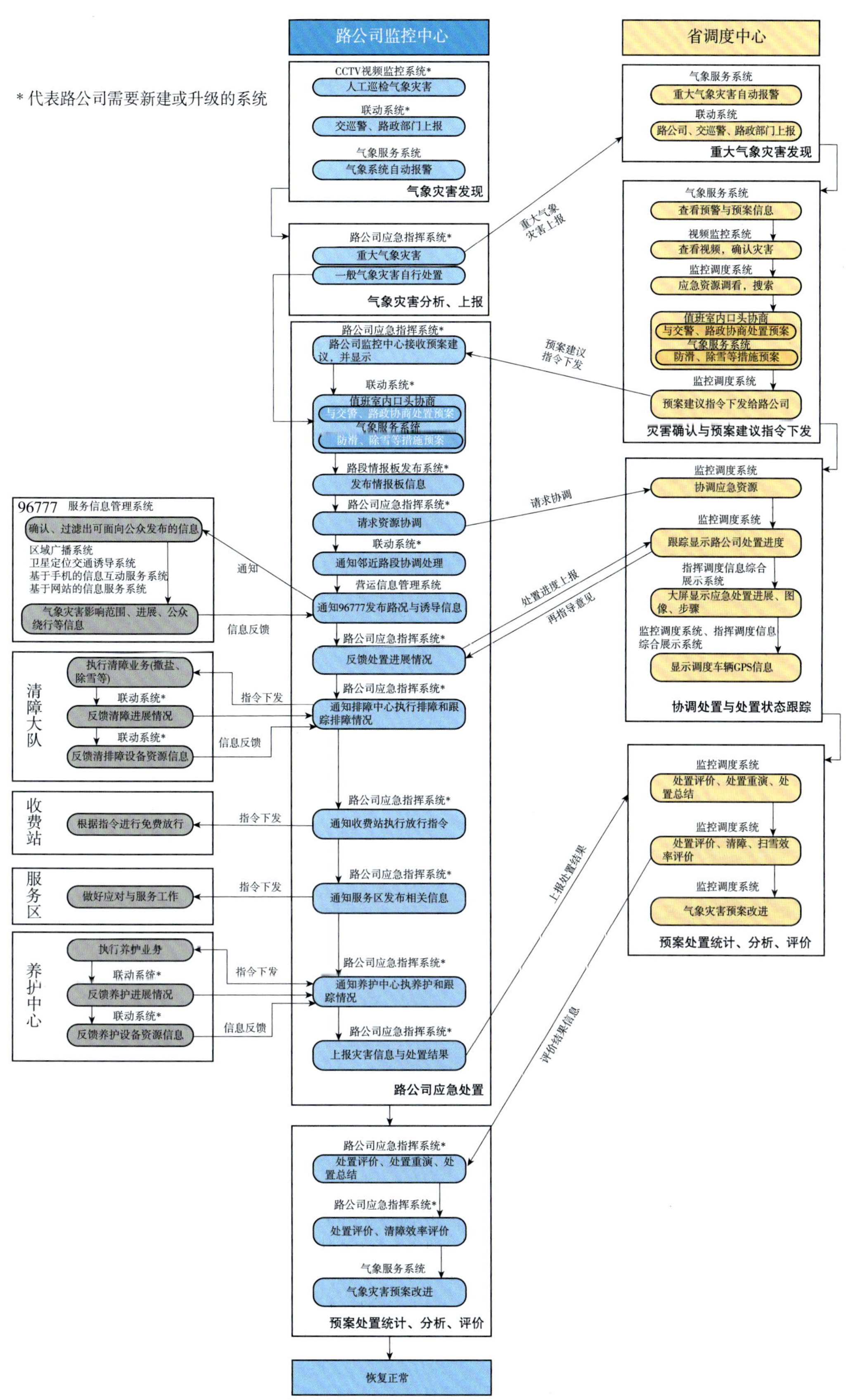

图 9-19　恶劣天气处置业务—系统关系图

9.4.5 交通拥堵

交通拥堵处置流程如图9-20所示，其处置业务—系统关系如图9-21所示。

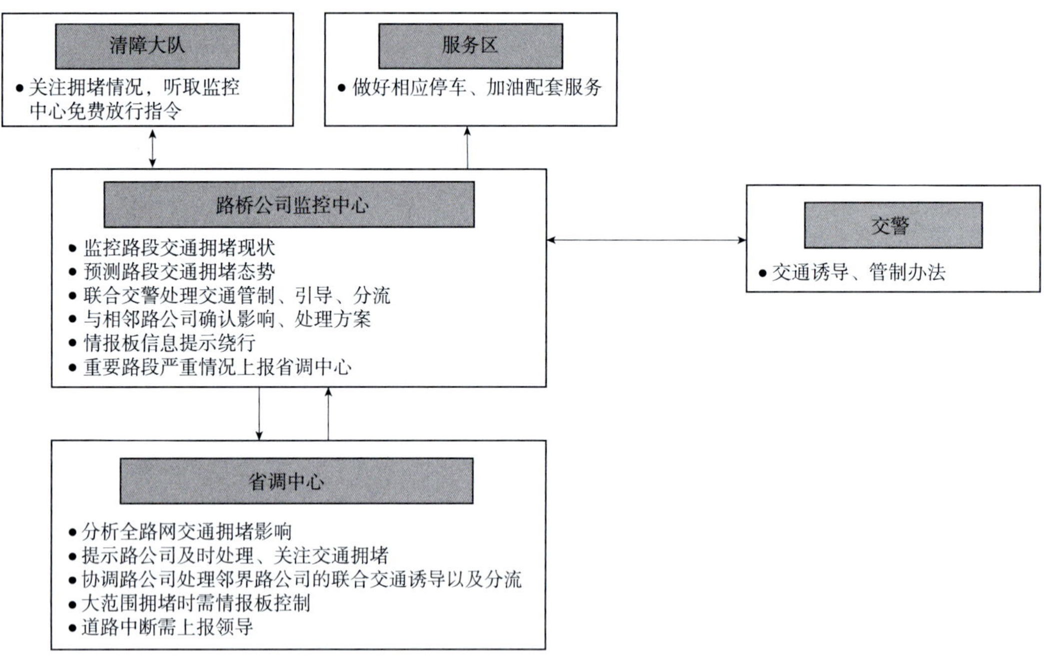

图9-20 交通拥堵处置流程图

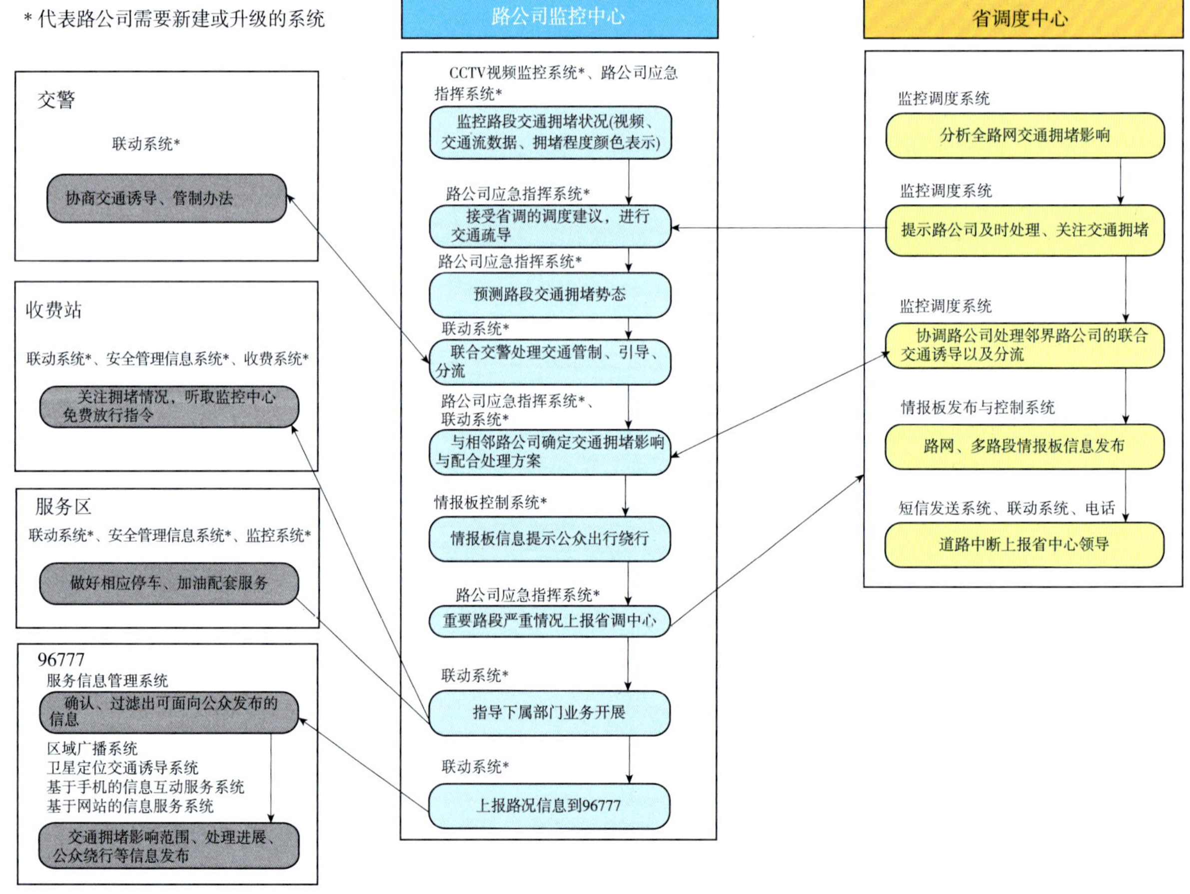

图9-21 交通拥堵处置业务—系统关系图

9.4.6 养护施工

养护施工处置流程如图9-22所示，其处置业务—系统关系如图9-23所示。

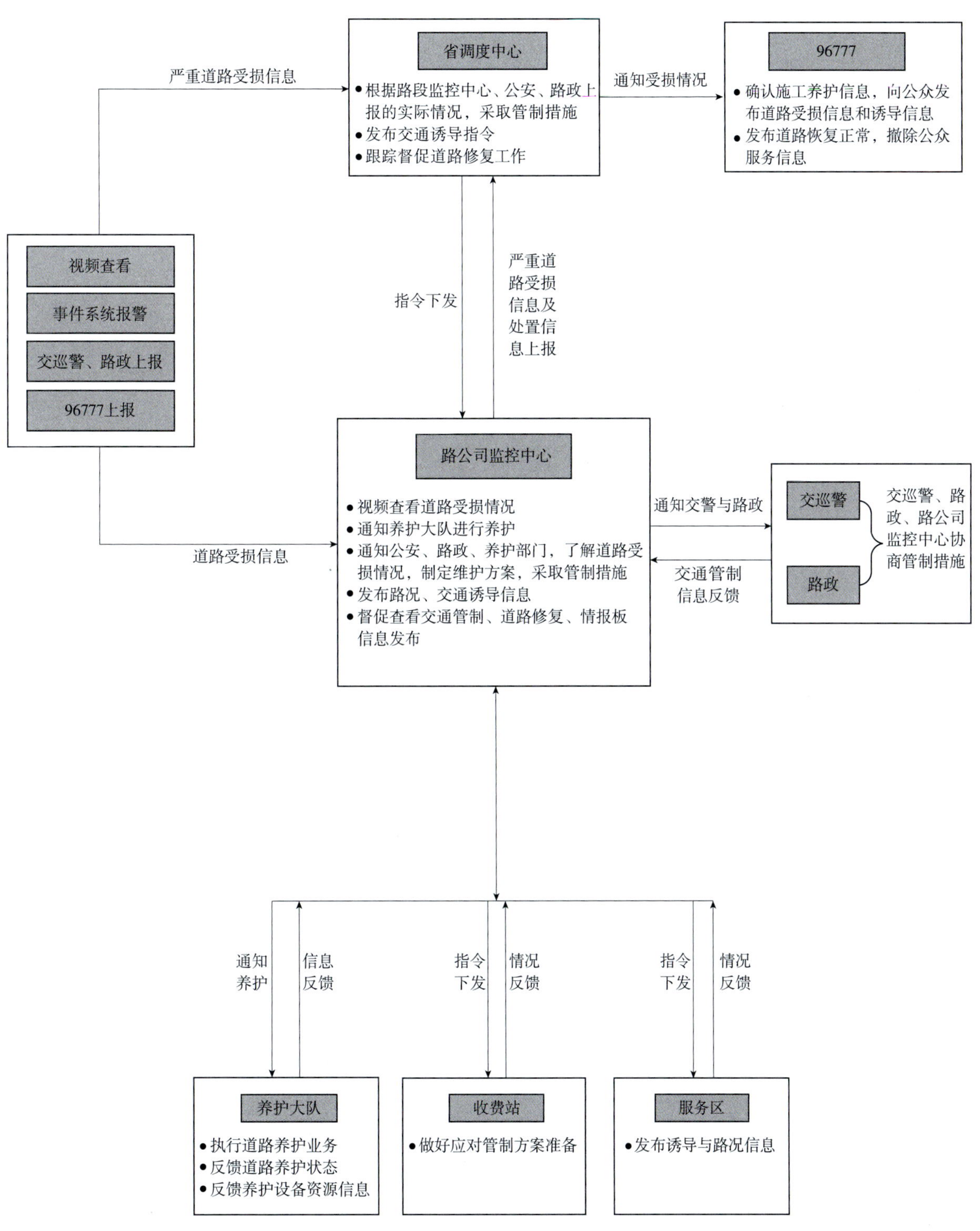

图9-22 养护施工处置流程图

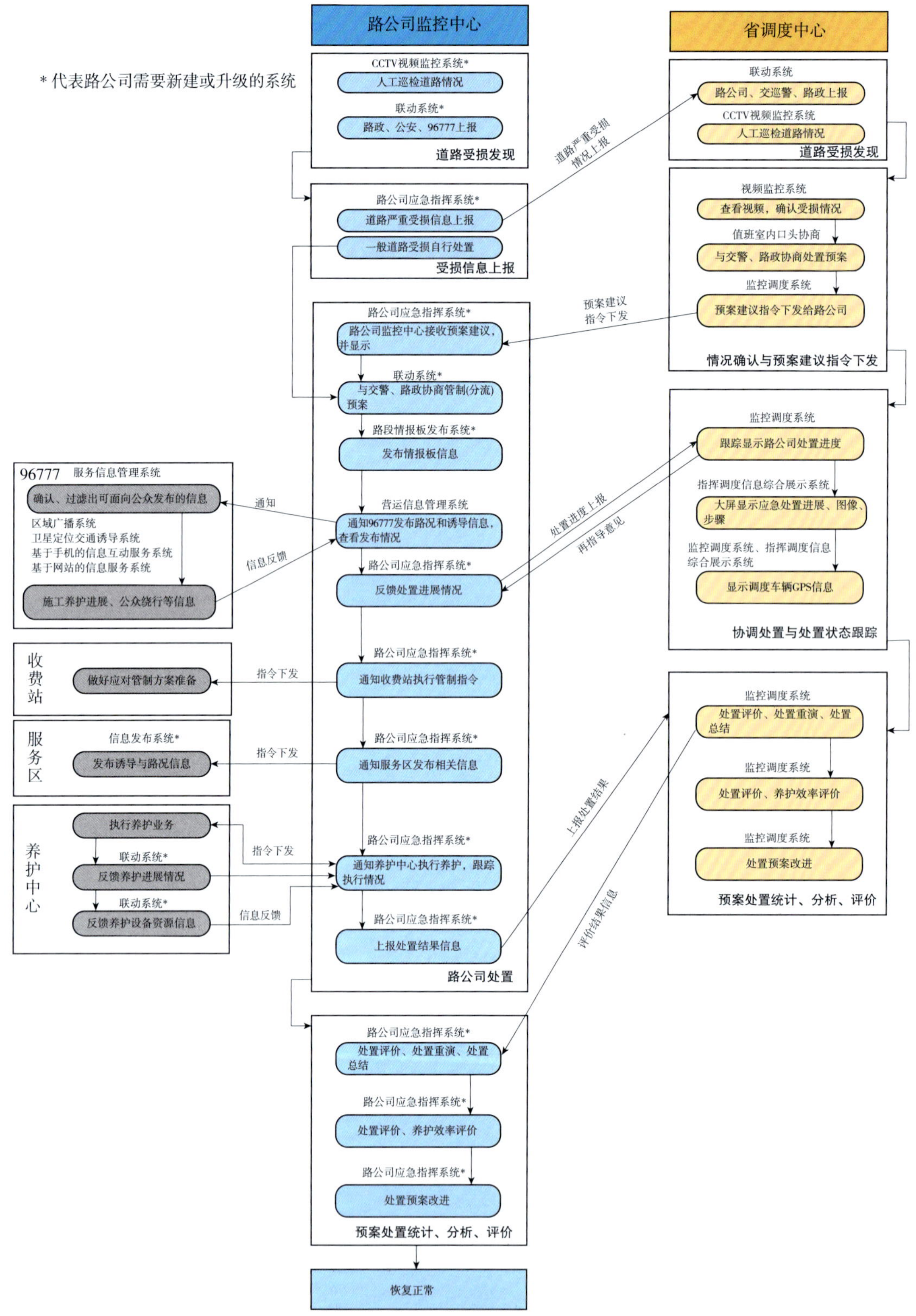

图 9-23　养护施工处置业务—系统关系图

9.4.7　不法行为

不法行为包括偷逃通行费、偷盗与损坏道路设施设备。其处置流程如图 9-24 所示，处置业务—系统关系如图 9-25 所示。

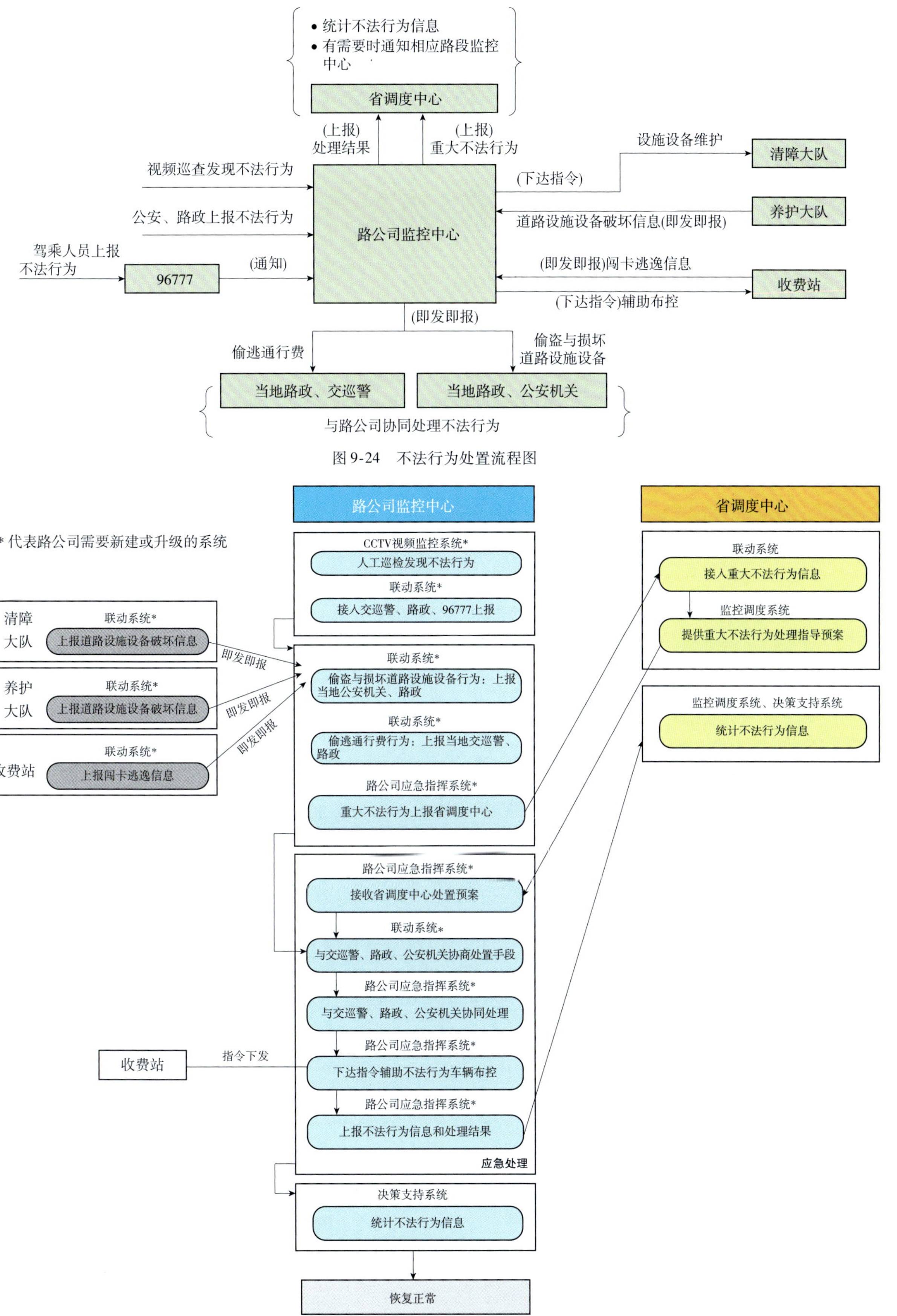

图 9-24　不法行为处置流程图

图 9-25　不法行为处置业务—系统关系图

9.4.8 警卫任务

警卫任务处置流程如图 9-26 所示，其处置业务—系统关系如图 9-27 所示。

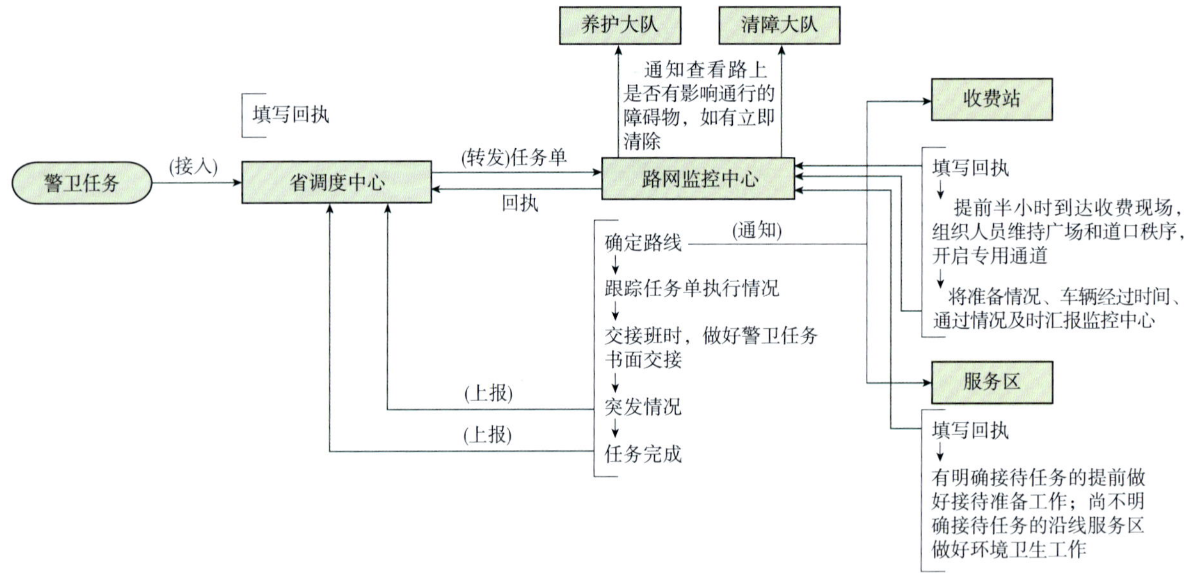

图 9-26 警卫任务处置流程图

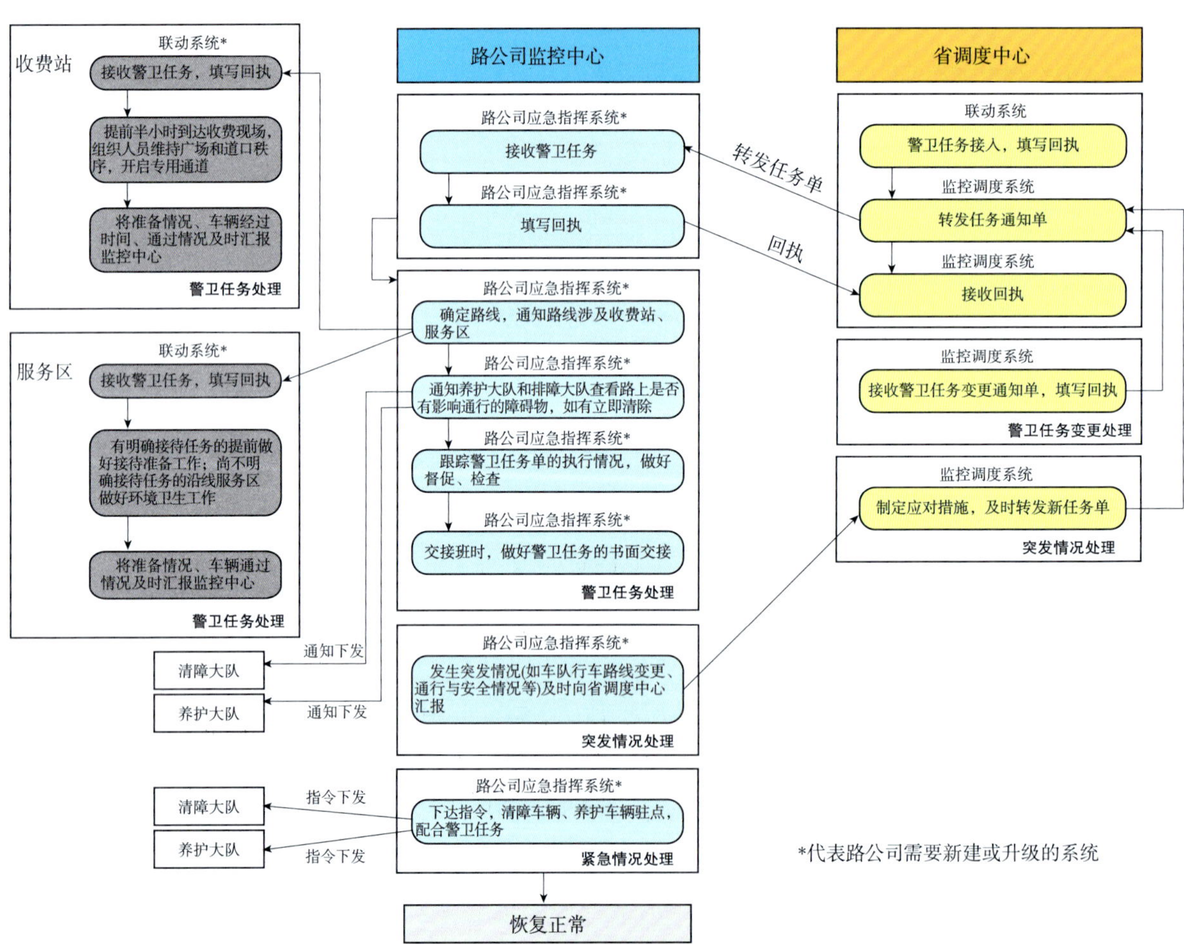

图 9-27 警卫任务处置业务—系统关系图

9.4.9 群体事件

群体事件处置流程如图 9-28 所示，其处置业务—系统关系如图 9-29 所示。

省调度中心
(上报)
省政府值班室、上级领导
(即发即报)
群体事件信息
处理
指令
(上报)
事件结束
视频巡查发现群体事件
公安、路政、收费站
上报群体事件
路公司监控中心
配合监控中心指令
服务区
收费站
驾乘人员上报
群体事件
96777
(通知)
(即发即报)
群体事件信息
当地公安、路政、交巡警

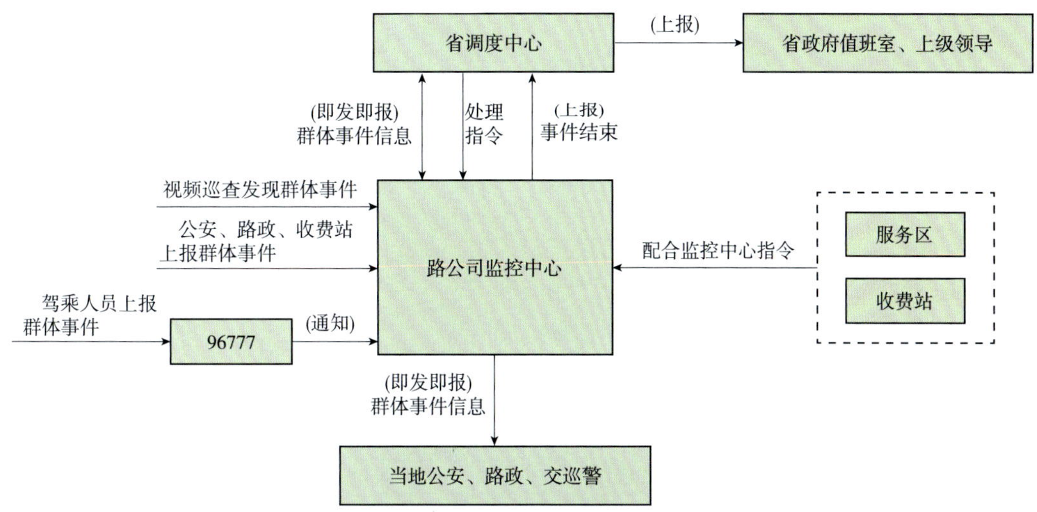

图 9-28　群体事件处置流程图

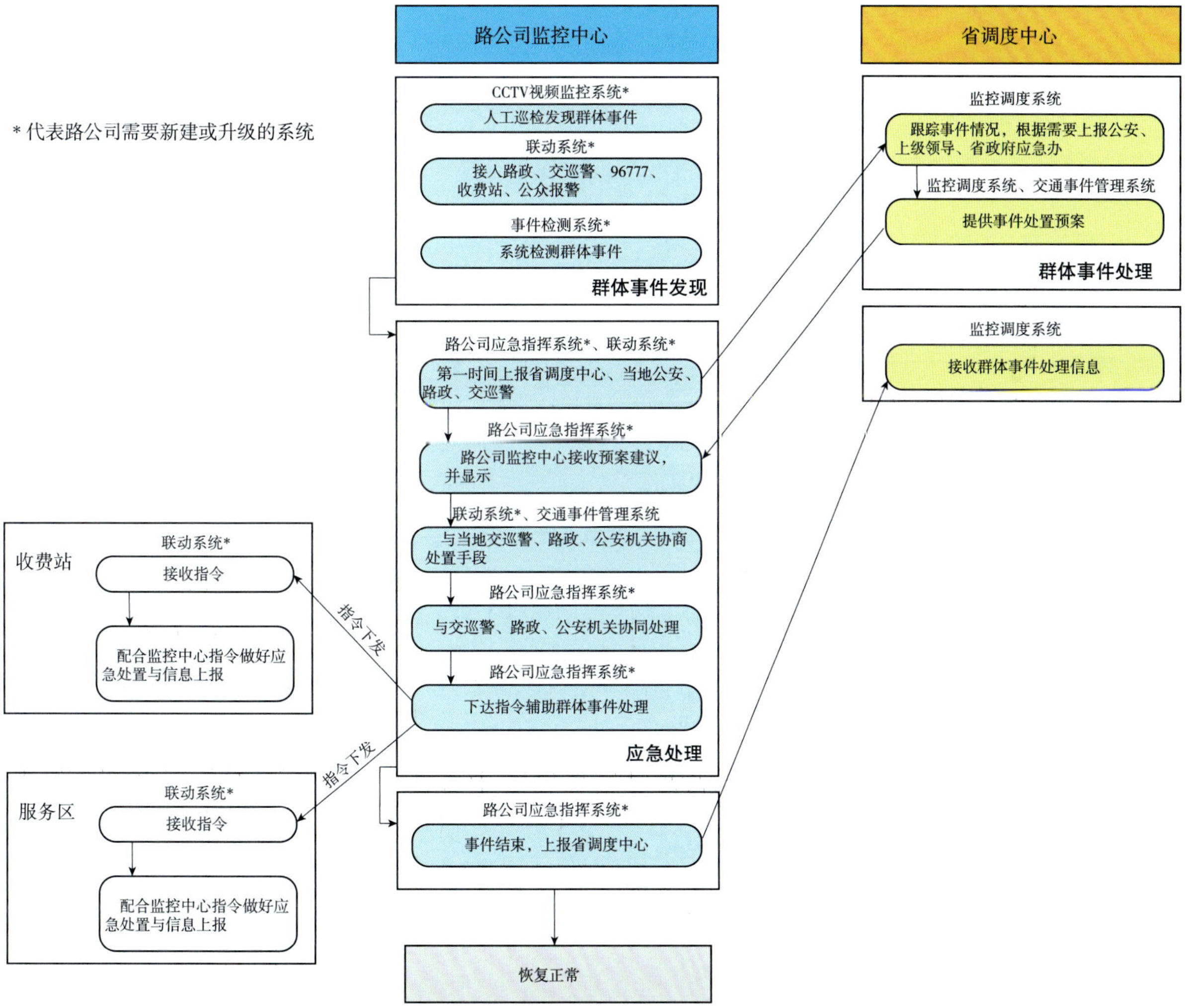

路公司监控中心
省调度中心
* 代表路公司需要新建或升级的系统
CCTV视频监控系统*
人工巡检发现群体事件
联动系统*
接入路政、交巡警、96777、收费站、公众报警
事件检测系统*
系统检测群体事件
群体事件发现
监控调度系统
跟踪事件情况，根据需要上报公安、上级领导、省政府应急办
监控调度系统、交通事件管理系统
提供事件处置预案
群体事件处理
监控调度系统
接收群体事件处理信息
路公司应急指挥系统*、联动系统*
第一时间上报省调度中心、当地公安、路政、交巡警
路公司应急指挥系统*
路公司监控中心接收预案建议，并显示
联动系统*、交通事件管理系统
与当地交巡警、路政、公安机关协商处置手段
路公司应急指挥系统*
与交巡警、路政、公安机关协同处理
路公司应急指挥系统*
下达指令辅助群体事件处理
应急处理
收费站
联动系统*
接收指令
配合监控中心指令做好应急处置与信息上报
指令下发
服务区
联动系统*
接收指令
配合监控中心指令做好应急处置与信息上报
指令下发
路公司应急指挥系统*
事件结束，上报省调度中心
恢复正常

图 9-29　群体事件处置业务—系统关系图

9.4.10 指挥调度相关系统、设备故障

指挥调度相关系统、设备故障处置流程如图 9-30 所示，其处置业务—系统关系如图 9-31 所示。

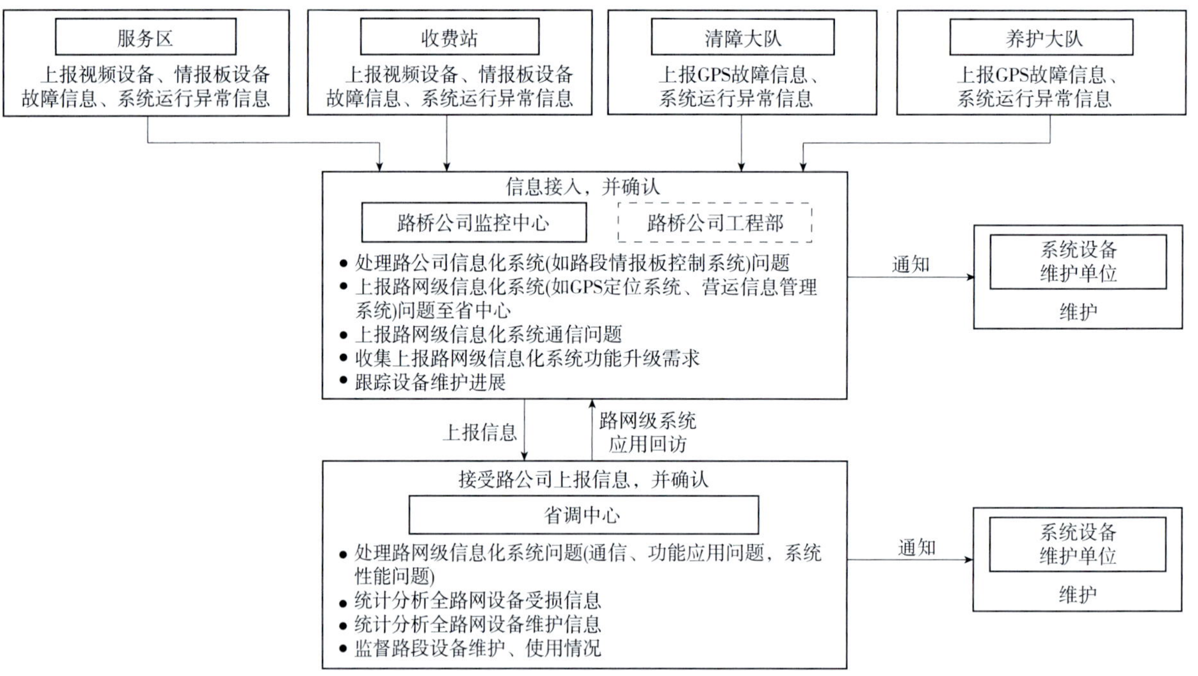

图 9-30 指挥调度相关系统、设备故障处置流程图

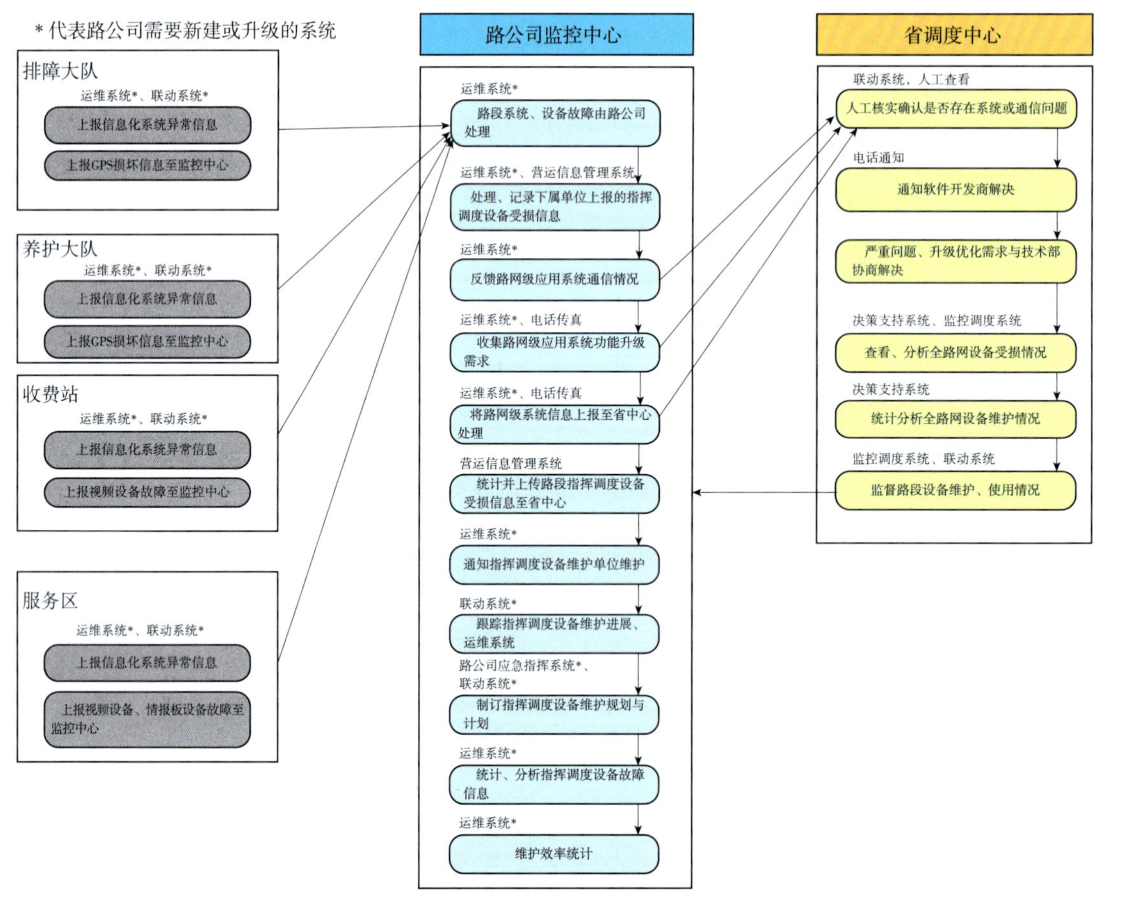

图 9-31 指挥调度相关系统、设备故障处置业务—系统关系图

10

江苏省联网中心与路公司指挥调度平台

10.1 指挥调度平台的设计页面

江苏省联网中心指挥调度平台设计以路网指挥调度的业务需求为依据，理清路网级指挥调度平台的业务流程与业务界面，以路网云计算数据中心为数据支撑，确定指挥调度平台的应用系统设计框架；依据平台总体框架指导指挥调度平台内部各子系统建设，使其各子系统充分协同，并支撑路网营运与安全业务开展。

10.1.1 指挥调度平台与路公司相关业务平台设计页面

设计过程中，对江苏省联网中心指挥调度平台与路公司的应急指挥平台的业务对接方式、功能接口进行分类说明，以便于路公司自建的路段级应急指挥平台与省联网中心指挥调度平台实现业务协同，实现系统功能对接。

10.1.2 指挥调度平台与邻省应急联动平台设计界面

设计过程中，对江苏省联网中心指挥调度平台与泛长三角应急联动平台的业务对接方式、功能接口进行分类说明，以便建设实施过程中充分与外省应急联动平台协同。省联网中心指挥调度平台与泛长三角应急联动平台的数据流通由云计算数据中心设计部分完成。

10.1.3 指挥调度平台与云计算数据中心的设计界面

设计内容除指挥调度平台各子系统内容外，还包括指挥调度平台数据库管理部分的设计。云计算数据中心与指挥调度平台数据库的对接部分：两者数据接口、数据交换标准由云计算数据中心统一规范设计。

设计不涉及与外部任何系统或数据中心的数据接口设计。指挥调度平台对外的所有数据共享、交换均是与云计算数据中心进行，指挥调度平台与外部平台、外部系统、路公司系统、路段数据中心均无直接数据流通。

10.1.4 指挥调度平台与外场设备设计界面

设计不涉及与指挥调度业务相关的视频设备、情报板设备的布设标准、数据接口、实施规范设计，但涉及对设备的控制方式、控制预案内容的设计。

设计不涉及与外场设备相关的数据交换，与外场设备相关的数据交换均通过云计算数据中心完成；信息采集内容由采集系统部分统一设计。

10.1.5 指挥调度平台与通信平台设计界面

设计不涉及通信系统的设计，但涉及对平台通信实时性、通信带宽、通信质量、通信容量的要求设计。

10.2 路公司上报的信息

江苏省联网中心指挥调度平台对路段应急指挥起指导、协调作用，路公司需上报相关信息，以支撑省联网中心指挥调度平台的正常业务运转，从而更好服务于路段管理。

按指挥调度平台的功能设计与现有的业务流程，总结路公司需上报信息，如表 10-1 所示，各信息的数据字典详见云计算数据中心部分设计内容。

路公司需上报信息表

表 10-1

路公司需上报信息项	备　注
危化品运输车辆事故	即发即报
警卫任务反馈信息	
其他突发事件信息	即发即报，自然灾害、事故灾难、公共卫生事件和社会安全事件
临近路段事件影响到本路段的事件信息	即发即报
本路段事件影响到其他路段的事件信息	即发即报
影响路段长时间中断或阻塞信息	即发即报，影响时间 > 1h 的事件
影响路网运行的事件信息	即发即报
清排障资源信息	
除冰扫雪设备信息	
路网管理信息	含管制、分流信息
施作业信息	
特重大交通事故信息	即发即报
气象灾害信息	
免费放行信息	
指挥调度相关设备故障信息	
闯卡逃逸信息	
情报板发布信息	
视频图像信息	
数据中心部分要求信息	

附录　江苏省广靖锡澄高速公路指挥调度平台建设界面展示

附图 1-1 为高速公路营运情况的总览。

附图 1-2 为高速公路的流量情况监测。

附图 1-3 为通过路侧交调设备监测到的车速情况。

附图 1-4 为路段情况展示界面。

附图 1-5 为动态资源展示界面。

附图 1-6 为外场设备展示界面。

附图 1-1　营运情况总览

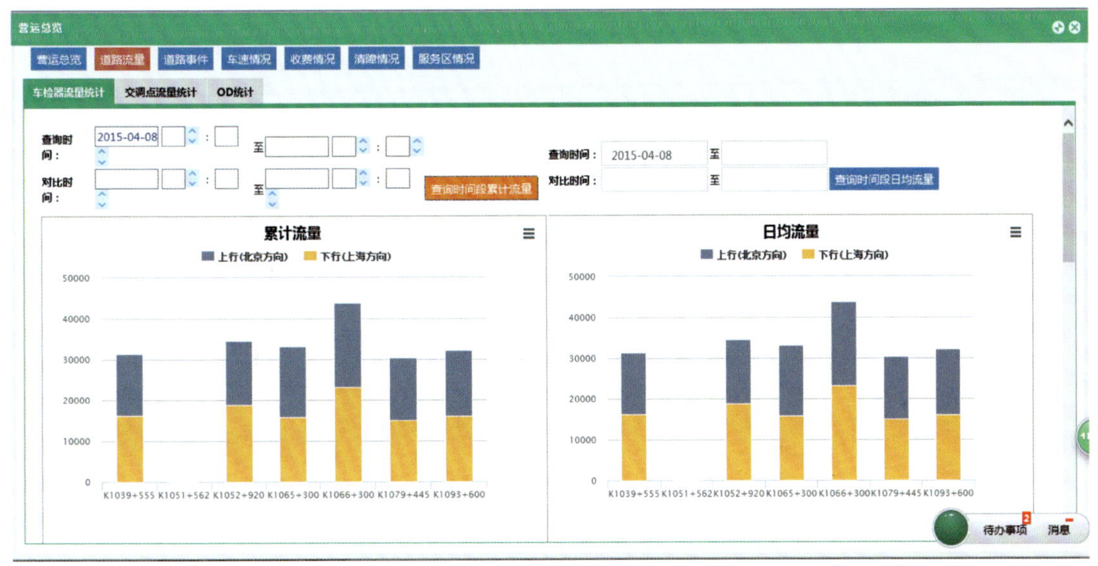

附图 1-2　道路流量查询

附图 1-3　车速监测

附图 1-4　路段情况展示界面

附图 1-5　动态资源展示界面

附图 1-6　外场设备展示界面

参 考 文 献

[1] 中华人民共和国交通运输部．公路水路交通运输信息化建设“十二五”发展规划[R]．北京：中华人民共和国交通运输部，2011.

[2] 江苏省交通运输厅．江苏省“十二五”综合交通运输体系发展规划[R]．南京：江苏省交通运输厅，2011.

[3] 江苏省交通运输厅．江苏省公路交通信息化“十二五”发展规划[R]．南京：江苏省交通运输厅，2012.

[4] 江苏省交通控股公司．江苏省交通控股公司“十二五”发展规划[R]．南京：江苏省交通控股公司，2011.

[5] 中华人民共和国交通运输部．公路交通突发事件应急预案[R]．北京：中华人民共和国交通运输部，2009.

[6] 中华人民共和国交通运输部．全国公路网管理与应急处置平台建设指导意见[R]．北京：中华人民共和国交通运输部，2009.

[7] 交通运输部公路科学研究院．公路网运行监测和服务暂行技术要求[S]．北京：人民交通出版社，2012.

[8] 江苏交通控股系统信息化暂行技术要求——数据交换暂行技术要求[R]．南京：江苏省交通控股公司，2013.

[9] 江苏省交通控股公司．江苏交通控股系统信息化暂行技术要求——基础信息编码指南[R]．南京：江苏省交通控股公司，2013.

[10] 中华人民共和国国务院．公路安全保护条例[S]．北京：中国法制出版社，2011.

[11] 交通运输部公路科学研究院．高速公路监控技术要求[S]．北京：人民交通出版社，2012.

[12] 交通运输部公路科学研究院．高速公路通信技术要求[S]．北京：人民交通出版社，2012.

[13] 中华人民共和国气象行业标准．QX/T 111—2010　高速公路交通气象条件等级[S]．北京：气象出版社，2010．

[14] Bin Ran，Huachun Tan，Jianshuai Feng. Traffic speed data imputation method based on tensor completion[J]. Computational intelligence and neuroscience，2015.

[15] Bin Ran，Peter Jin，et al. Cellular probe technologies moving forward：The current trends and perspectives on 3G，4G，and smartphone applications[C]. 21st World Congress on Intelligent Transport Systems，ITSWC 2014：Reinventing Transportation in Our Connected World，2014.

[16] 何赏璐，冉斌，张健，等．省域高速公路网运营与服务信息化平台研究[J]．交通运输工程与信息学报，2015，13(2)：50-57.

[17] 曾瑶辉，李冬陵．高速公路监控系统集成[M]．北京：人民交通出版社，2010.

[18] 赵忠杰．高速公路监控系统[M]．北京：人民交通出版社，2014.

[19] 姜艳霞．高速公路指挥调度系统平台研究[D]．长春：吉林大学，2007.

[20] 才智．交通应急调度指挥平台设计与实现[D]．沈阳：东北大学，2012.

[21] 李建斌．高速公路突发事件紧急救援关键技术研究[D]．西安：长安大学，2012.

[22] 林颢润．高速公路日常调度与应急指挥系统设计与实现[D]．长沙：大连理工大学，2014.